風景这边独好

——湖南生态文明建设典型案例（2021）

周发源　主编

湘潭大學出版社

图书在版编目（CIP）数据

风景这边独好 ：湖南生态文明建设典型案例. 2021 / 周发源主编. -- 湘潭 ：湘潭大学出版社，2021.10
ISBN 978-7-5687-0675-9

Ⅰ. ①风… Ⅱ. ①周… Ⅲ. ①生态环境建设－案例－湖南 Ⅳ. ①X321.264

中国版本图书馆 CIP 数据核字（2021）第 250048 号

风景这边独好：湖南生态文明建设典型案例（2021）

FENGJING ZHE BIAN DU HAO:HUNAN SHENGTAI WENMING JIANSHE DIANXING ANLI(2021)

周发源 主编

责任编辑： 丁立松
封面设计： 张丽莉
出版发行： 湘潭大学出版社
社　　址： 湖南省湘潭大学工程训练大楼
电　　话： 0731-58298960 0731-58298966（传真）
邮　　编： 411105
网　　址： http://press.xtu.edu.cn/
印　　刷： 长沙鸿发印务实业有限公司
经　　销： 湖南省新华书店
开　　本： 710 mm×1000 mm 1/16
印　　张： 16.5
字　　数： 175 千字
版　　次： 2021 年 10 月第 1 版
印　　次： 2021 年 10 月第 1 次印刷
书　　号： ISBN 978-7-5687-0675-9
定　　价： 98.00 元

目　录

整治环境顽疾

发展绿色经济

序

风景这边独好

邓立佳

蓝天白云、繁星闪烁，清水绿岸、鱼翔浅底，鸟语花香、田园风光，吃得放心、住得安心……这是人民群众对优美生态环境的追求。湖南地处长江中游、大湖之南，历史文化悠久，自然风光秀美。坚定不移走生态优先、绿色发展之路，坚持人与自然和谐共生，建设全域美丽大花园，让绿色成为最亮丽的底色，是实施“三高四新”战略定位和使命任务的内在要求，是建设现代化新湖南的重要特征，是顺应人民群众美好生活需要的题中之义。

党的十八大以来，湖南省委、省政府深入学习贯彻习近平生态文明思想，牢固树立绿水青山就是金山银山理念，守好发展和生态两条底线，全面打响蓝天、碧水、净土保卫战，加强生态系统保护与修复、持续改善环境质量，坚持生态优先、推动经济转型和绿色发展，决胜脱贫攻坚、助力乡村振兴……习近平生态文明思想在三湘大地上落地生根、开花结果，人与自然和谐共生的美丽湖南呈现出勃勃生机。

为总结推广全省生态文明建设的典型经验，我省生态文明建设的高端智库机构——湖南省生态文明研究与促进会，组织省社科联、省委党校、长沙理工大学等单位专家学者，历时一年多，通过反复筛选、实地调研，组织编写了一批湖南省生态文明典型案例。研促会的这种主动担当和作为，值得肯定和鼓励。

翻阅这些案例，都是以纪实、通讯的方式采写，都是实实在在的，群众看得见摸得着的。岳阳东风湖、长沙圭塘河治理，讲述了守护碧水蓝天的故事；冷水江锡矿山治理与转型、常德市石门雄黄矿区治理，道出了环境顽疾整治的艰难；郴州市水资源可持续利用、张家界永定区生态优先的发展路径，收获了发展绿色经济的喜悦；江华县桐冲口村千年瑶寨的华丽变身、浏阳市乡村振兴的“竹联样板”，提供了美丽乡村建设的典范……每一个案例，都是近年来我省生态文明建设的一个缩影。

生态文明是人类文明发展的历史趋势。现代社会在经历了工业文明脱胎换骨的蜕变后，人们开始追求更高层次的生态文明，这必将是人类生产生活方式的一场根本性变革。我们还要清醒地看到，环境污染历史欠账较多，绿色发展还存在短板弱项，生态环保依然任重道远。生态环境没有替代品，用之不觉，失之难续。生态治理，道阻且长，行则将至。加强生态文明建设，走好生态优先、绿色发展之路，需要久久为功、持之以恒，需要全社会的共同支持和参与。湖南省生态文明研究与促进会会长周发源同志已经组织专家学者将这些案例汇编，计划结集出版，取名为《风景这边独好》，这个书名很贴切，体现了生态文明建设带来的变化。发源同志请我作个序，我欣然接受，这是很有意义的事。这本册子为各地生态文明建设提供了学习和借鉴的案例。

恰百年风华正茂，开绿色发展新篇。在迎来建党百年、开启第二个一百年奋斗目标的历史起点上，让我们共同努力，加强生态环保，建设美丽家园，携手迈向生态文明新时代。三湘大地，风景一定会越来越好。

2021年12月21日于长沙

（作者系湖南省生态环境厅党组书记、厅长）

守护碧水蓝天

昔日“龙须沟” 今日生态河

——长沙市雨花区推进圭塘河流域综合治理

治理好水污染、保护好水环境，就需要全面统筹左右岸、上下游、陆上水上、地表地下、河流海洋、水生态水资源、污染防治与生态保护，达到系统治理的最佳效果。

——习近平 2018 年 5 月 18 日在全国生态环境保护大会上的讲话

长沙市中心城区，静静流淌着一条内河，河水清澈、波光粼粼，两岸风景错落有致、美如画卷，有精致的草坪、成荫的绿树、平整的步道、秀丽的河畔公园……清晨，老年人在这里打太极；傍晚，情侣在这里漫步。这就是圭塘河，现在，她已是当地居民一处重要的休闲场所，是一条美丽的风光带、宜人的生态河。

圭塘河作为湖南省会长沙市的市区内河，绵延近 30 公里，具有悠久的历史，最早记载可追溯到五代。古时候，她承载着为农田灌溉的使命。20 世纪 70 年代以前，她是一条真正的清流，环绕着成片的树林、田地与民宅，孕育了数十万公顷的良田，滋养着无数的长沙人。

综合治理后的圭塘河

随着工业化、城镇化的快速推进，内河利用与保护失衡，污水直排、雨污合流，两岸违章建筑林立，侵占河道现象屡见不鲜，导致生态退化、水质污染严重，水体发黑发臭，20 世纪 90 年代，曾经清澈秀美的“母亲河”变成伤痕累累、满目疮痍的“龙须沟”。

主塘河系统治理前，污染严重，水体黑臭

无数个日日夜夜，圭塘河在“哭泣”，长沙人在叹息：何时能回到过去？

圭塘河治理，民心所向、刻不容缓。雨花区委、区政府急群众之所急，想群众之所想，高起点谋划、高标准推进圭塘河的治理，经过不断学习、不断实践、不断探索，走出了一条特色鲜明的河流治理之路。

转变思路——寻治理良方

河流是一个系统，治理必须要整体谋划、统筹推进。在系统思维指导下，圭塘河治理方式实现了四个转变：

由绿化带动向水岸同治转变。 过去侧重岸上绿化建设，带动河道两岸开发，岸上添了绿色，水里还是污浊。圭塘河的治理将流域整体水质改善、水岸联动治理作为主要目标，合理规划蓄洪、分洪、滞洪措施，科学实施雨洪管理和调度，分期改造渠化河道与建成区合流制管网系统，紧紧抓住“治水”这一关键点。

由分段整治向全流域治理转变。 过去采取分段整治，头痛医头，脚痛医脚，往往按下葫芦浮起瓢，这里清了那里浊。河水日夜奔流，只着眼某一点、某一段，效果肯定不佳。总结过去的经验教训，雨花区委、区政府委托德国汉诺威水协、长沙市规划勘测设计研究院联合编制《圭塘河流域综合治理规划纲要及专项方案》，整体规划、分步实施、全流域治理，取得了很好的效果。

由“九龙治水”向“一龙统筹”转变。 过去各个部门根据自身的职能，以不同方式参与了圭塘河的治理，由于缺乏统一调度、统一指挥，效果不尽人意。为此，雨花区委、区政府整合环保、水利、农业、城管、园林、市政、城乡建设、城投、属地街镇九大力量，成立圭塘河流域综合治理指挥部，实现流域治理统一调度。成立圭塘河流域开发建设有限公司，通过市场化运作方式推进，兼顾社会效益、生态效益和经济效益，加快了圭塘河综合整治步伐。

由单纯治水向践行绿色发展理念转变。 学习是进步的源头活水，创新是发展的最大动力。跳出片面通过硬性指标检验治水效果的思维模式，学习江苏镇江、湖南常德等地海绵城市建设经验，引入海绵城市建设理念对圭塘河流域进行整体规划建设，着力提升治理品质。

综合施策——解治污难题

污染是多因之果，治理需综合施策。只有对症下药、有的放矢、统筹推进，才能有效解决难点和痼疾，取得实效。

截污治污。 合流制溢流水污染与污水处理厂尾水排放是影响圭塘河流域水质的最大“元凶”，它吞没了圭塘河过去的清澈秀丽，留下了水体发黑发臭的“累累伤痕”。为了降伏这一“元凶”，雨花区采用建设截污井、增设截流管、截流坎、化粪池、管道清淤疏通及排口智能化控制等办法精准截污，累计截污各类排口110余个，完成市政管网清掏整治380余公里，清掏管网淤泥3300余吨。

同时，建立一小时应急溢流处理、全流域环境保洁、排口保洁长效管理等机制，定期对沿岸排污口清淤疏导，实现圭塘河东西两岸全截污。实施了中、下游段清淤疏浚工程，近几年已累计清淤外运淤泥20万立方米。

告别了污染的负担和淤泥的重压，圭塘河终于再次实现了由内而外的自由“呼吸”，每一道欢畅的波纹都享受着清新，每一颗跳跃的水珠都高唱着喜悦。截断了污染，复活了一方清水。

生态引水。 通过引线取水，为圭塘河“解渴”。新建提水泵站从浏阳河冬斯港处取水，通过压力管道、渠道，引水至圭塘河，整个补水线路长 7.97 公里，已于 2017 年 11 月建成投用，有效缓解圭塘河区域性、季节性缺水问题，河流两岸的水土也日渐丰沃起来。

生态修复。 绿草青青，“疗愈”河水流域。圭塘河二期环境综合治理工程集中开展生态修复试点，建设人工湿地——羽燕湖，沉水植物（芭蕉、菖蒲、苦草等）、水生动物在这片新家园茁壮生长，净化了 15 万吨湖水生态。置身于灵动气韵的圭塘河边，天晴时，水面泛起涟漪，波光潋滟晴方好；下雨时，沿岸烟雨迷蒙，斜风细雨无须归。

协同治岸。 推进圭塘河流域沿线违章清零，累计拆违 300 万平方米，有效减少沿岸违章市场、仓储、作坊、禽畜养殖场等对河道的污染。聘请专业保洁队伍，负责两岸绿地养护，整治裸露黄土、杂物废料乱堆乱放、共享单车乱停等现象，及时清理河岸垃圾、水面漂浮物，常态保持河面洁净。

经过一系列的综合治理，圭塘河告别了过去的污臭。如今，它自由呼吸，坐拥湿地和滨水公园，飞鸟在空中徜徉，市民沉醉漫步于亲水栈道。风一吹过，芭蕉、菖蒲伴着岸上的树叶沙沙作响，相互应和。“城市之肺”重新舒展，润泽到每一个居民和游人的心田。

政企合作——纾资金困难

探索“建-融-管-还”开发模式，由“花钱治水”转向“治水生钱”，改变了传统内河流域治理单纯依赖政府投资的被动局面。

聚焦“建”。 政企合作，设立合资项目公司负责圭塘河的治理与建设。2017 年，雨花区注册成立圭塘河流域开发建设有限公司，并与社会资本合作，在全市率先探索海绵城市建设项目 PPP 模式，通过全域容积率统筹及培育特色生态产业等方式，增强造血功能。

聚焦“融”。 发挥政府和市场两者优势，产生叠加效应，为项目建设提供了成本低、期限长的资金来源。政府层面，加大引进政策性银行贷款和国家专项补贴资金；市场层面，项目公司以合资方社会资本企业信用做背书，提升自身融资能力，利用大股东集团授信额度进行融资。

聚焦“管”。 利用物业收入来弥补管理投入。通过圭塘河治理和生态环境改善，流域周边的房屋租金也随之上涨。如配套建成的悠游小镇，每年物业经营收入 6000 万元以上，有效解决了项目可持续运维资金来源。

聚焦“还”。 利用固定资产证券化、“再抵押融资”等手段偿还社会资本前期投入。既保障了社会资本和授信机构核心利益，也确保了项目参与各方合作共赢，打造了一套完整的、可持续的城市公益性综合体项目投融资体系。

共治共管——堵监管漏洞

主塘河治理，是重大的民生工程，必须共治共管，让人民群众共享治理成果。

河长治河。 出台了《雨花区全面推行河长制工作实施方案》，建立河长会议、信息共享、工作督察、日常巡查、考核问责等系列制度，圭塘河各级河长、河段长严格按照河长制要求开展常态巡河、定期办公，及时发现和解决问题，推动治河“美景”常态化、规范化。

民间治河。 创新落实“河长制”，在政府四级“河长”体系基础上，建立民间三级“河长”体系，与社会环保公益组织联合发起“圭塘河守护行动网络”，面向社会公开招募百余名民间河长；设立圭塘河青少年环境教育示范基地和绿伞卫士研学旅行基地；建设面向社会公众免费开放的圭塘河共享图书馆。

专家治河。 筹建全区城市建设专家顾问委员会、全区海绵城市建设专业机构库，聘请在城市规划、交通、环保、排水、河道、产业研究等方面国际国内知名单位、专家，指导圭塘河综合治理，做到“不走错路、少走弯路”。

有付出就有收获。目前，清澈的圭塘河水流淌在高楼“丛林”间、荡漾在绿荫里，透过水面能看到尾尾小鱼摇曳，不时还有白鹭飞来、滨水起舞，河畔树木草坪连成蜿蜒绿带，清新悦目。不疾不徐，圭塘河水流淌而去，流向它的星辰大海，流向自然生态水系统的诗与远方……

专家点评

城市内河黑臭水体治理是一个世界性难题，它既是技术性问题，又是社会性问题。圭塘河流域综合治理能够取得良好成效，在于雨花区委、区政府树立和践行“生态优先、绿色发展”的理念，把污染治理和生态环境保护放在重要位置；在于学习借鉴国内外河流治理经验，用他山之石“攻玉”；在于从实际出发，坚持系统思维，注重顶层设计，整合多方资源，采取多种举措，统筹推进综合治理，走出了一条特色鲜明的河流治理之路。

去污染之疾　还碧水于民

——津市市西毛里湖污染治理显成效

发展经济不能对资源和生态环境竭泽而渔，生态环境保护也不是舍弃经济发展而缘木求鱼，要坚持在发展中保护、在保护中发展，实现经济社会发展与人口、资源、环境相协调，使绿水青山产生巨大生态效益、经济效益、社会效益。

——习近平 2018 年 4 月 26 日在深入推动长江经济带发展座谈会上的讲话

西毛里湖，是溪水之王。这里一碧万顷、水天一色、鱼翔浅底、鸟戏汀洲、绿岸草树、风光旖旎……充满原生态自然美。

西毛里湖位于湖南津市境内，是省内最大的溪水湖、第二大天然淡水湖。湖泊面积 53.67 平方公里，流域面积 387.63 平方公里，由源自丘陵山岗的 8 条大溪河和 100 多条小溪沟汇水而成，集饮用、灌溉、养殖、调蓄、游乐功能于一体，是津市的母亲湖。空中俯瞰盛景恰似一株巨大的珊瑚镶嵌在洞庭湖西缘，美轮美奂。

然而，由于种种原因，母亲湖哭泣了，这里的水质从原来Ⅰ类下降为劣Ⅴ类，成了津市的生态灾难。如何让西毛里湖重新焕发美丽容貌？让我们一起去探个究竟。

溪水之湖为何污浊

长期以来，西毛里湖是流域内十多万居民的饮用水水源，以盛产优质鲜鱼著称，对经济社会发展作出了重要贡献。然而，由于过度开发、竭泽而渔，这里的水质剧烈恶化，一个时期沿湖十多万居民喝不上干净的饮用水，易地挖井都解决不了喝水难问题。

水产养殖的高强度经营。 20 世纪 90 年代初，西毛里湖湖面的使用权、经营权划归经营公司管理。经营者为求利益最大化，向湖体大量投肥投料养鱼，造成水体富氧化，污染严重。周边水产养殖大户在承包的湖面设置围栏和网箱，精细化养鱼养蚌增加了湖水水体的污染。在开展湖泊整治前，该湖水域共有网箱11905口、围栏13030米。

畜禽养殖的污染物排放。 周边群众大力发展畜禽养殖业，畜禽养殖总量急剧扩张。据统计，2012年，滨湖地区共出栏生猪31.97万头，出笼家禽350万只。畜禽养殖污染物基本未经处理，直接排入西毛里湖，加剧了湖体污染。在开展治理前，共建有养殖企业200多家。

加工企业的季节性排污。 津市白衣、保河堤两镇盛产藠果，种植面积达3万亩以上，被称为中国“藠果之乡”。围绕藠果的收购加工，两镇沿西毛里湖建起了17家藠果加工厂，加工废物和废水直接排入湖体，导致湖泊季节性重度污染。

农村农业的面源性污染。 村民生活垃圾、污水直排，传统农业种植方式所使用的大量农药、化肥，经溪流汇入西毛里湖，导致湖水黏稠发绿。污染使湿地面积缩小，功能退化；野生水生动植物种类不断减少，部分珍稀品种灭绝，湖泊生态危机显现。

水产投肥养殖、畜禽养殖污染、加工企业排污、农业面源性污染，成为西毛里湖的“四大污染源”。周边野生动植物迅速减少或消失，一些珍稀品种濒临灭绝，日趋恶劣的环境污染向津市狠狠地敲响了“警钟”。

综合施策治湖去污

2013年3月，西毛里湖被列入“国家水质较好湖泊生态环境保护总体规划（2013—2020 年）”名单，获得水污染防治专项资金支持。在“水污染防治专项”的“倒逼”下，津市按照“科学规划、创新机制、全面控源、生态涵养、部门联动、公众参与、行政问责、依法治湖”的思路推动污染治理和生态保护，主要围绕“拆、退、建、治”四个字做文章，走出了一条治污治湖的新路子。

以拆护水。“拆”即拆除，咬住污染的源头不松口，从源头上清除了污染西毛里湖水域的一系列产业。

要根治顽疾，需全面禁投。承包经营企业及周边养殖户等与政府、环保部门博弈多年。最终，津市在中央和湖南省人民政府的环保政策及专项资金的支持下，于 2013 年 6 月 23 日将西毛里湖水域功能由“渔业用水”调整为“饮用水源”，该湖的水功能之争尘埃落定，打响了全面禁投的“第一枪”。自此，津市全面禁止投肥养殖，对水面承包户设置的网箱、围栏实施退养，开启“人放天养”的模式，数以万计的网箱、围栏全部得到拆除。如此一来，将困扰湖区居民长达二十多年的渔业污染毒瘤连根拔除。

蔴果每年的加工废水直排造成湖区“季节性特重度污染”。自 2013 年起，津市已将饮用水源保护区内的 17 家蔴果加工企业全部关闭，市财政投入约 880 万元补贴关闭的蔴果加工厂，约 150 万元补贴种植农户，拔除了西毛里湖污染的第二大“毒瘤”。

针对畜禽养殖，津市科学划分禁养区、限养区和适养区，利用“环湖禁养区畜禽养殖关停工程”专项资金，关闭了西毛里湖饮用水源地1000米范围内的201家畜禽养殖场（户）；要求限养区内的5家规模养殖企业和40多户养殖大户实现粪污处理达标排放。污染物排放大量减少，污染源得到有效控制。流域内非禁养区的47家养殖场（户），探索出“以粪养蚯”“猪粪-沼液-牧草”等生态种养新模式，化害为利，变废为宝。

以退扩水。“退”即退养、退耕、退牧。退养还清水，退耕还洲岸，退牧还候鸟。津市采取水陆统筹、湖岸联动的方式，将滨湖1000米范围划为禁养区，实行全面退养。拆除多年来形成的用于发包养鱼的湖汊拦坝和湖中围堤9处，平毁沿湖精养鱼塘795个斑块，退塘还湖还湿面积1.5万亩。其中近一半的浅水型水面全部转产种植水生经济作物，既消除了水面养殖污染，又打造了湖岸绿景。泛舟于其上，只见莲叶何田田，鱼戏莲叶间，不时还有飞鸟轻划水面，这美景洗目清爽，怡然自得。

以建洁水。“建”即建设，就是对入湖溪河进行疏浚清淤，建设生态拦截坝和入湖河口湿地及生态涵养林等。

开展大规模的溪沟清淤工程，进行沿湖垃圾清运、植树造林、溪沟清淤等，发动群众投工投劳，折款7955万元。为削减消除大溪河沿途携带的农业面源污染源，在宋家坪、白衣庵等6条大溪河上修建了生态拦截坝，在其入湖河口建设了人工湿地1500亩。拦截坝像一口口鱼塘，走近看就发现每一个隔开的渗滤池中都种有水生植物，形成人工湿地，废水经过人工湿地层层过滤，排入溪中，实现了清水入湖。

西毛里湖周边还建设了大批生态涵养林。毛里湖国家湿地公园管理处负责人介绍，已经对20多处总长度超过5.75公里的湖岸进行了生态护坡，环湖地区共植树1.8万亩300多万株，毛里湖湿地公园内林地面积达1218.3公顷，且全是水源涵养林。森林植被类型丰富，纵横交错，林水相依相衬、浑然天成。

以治净水。“治”即治理和防治，就是实施流域生活垃圾、餐厨垃圾、污水治理和污染防治等。

西毛里湖沿湖原有7个乡镇，集镇和村庄零星分布，给农村生活垃圾收集和处理带来了挑战。津市采取“户分类、村收集、镇转运、市处理”的模式，并创新性地推行“绿色存折”制度，运用交售可回收垃圾积分兑换日用品和资金办法，想方设法提高民众参与垃圾科学分类与处理的积极性。毛里湖镇主管领导介绍，“绿色存折”一户一折，记录了农户垃圾分类回收的积分等，农户们可以持存折用积分换取生活日用品，也可兑换现金。

在沿湖人口规模较大4个集镇，建设餐厨垃圾处理站，建立餐厨垃圾收运网络和有机肥营销网络，餐厨垃圾处理能力达到4000吨/年，占整个流域集镇餐厨垃圾产生量的90%以上，在集镇垃圾干湿分离基础上，实现了减量化处理和资源化利用。

针对流域生活污水，津市引入市场机制，按照“设计、建造及运营”(DBO)模式，在沿湖10个集镇建设污水处理站12座。按照“办点示范、以点带面、逐步推广”的办法，开展农户生活污水治理。在农户集中区域，建立“三格净化池+人工湿地型”的简易污水处理设施，使生活污水经三格预处理，通过水平潜流途径进入人工湿地，达到农田灌溉水排放标准。对于散居农户，则采取四格净化池办法治理生活污水。该模式共惠及全市农村人口 10 万多人，基本实现了全域生活污水处理全覆盖。

同时，为了长效保护西毛里湖的水环境，当地政府建立了“有奖举报”制度，凡举报向西毛里湖投肥养殖、排污、退养反弹等违法行为的，有现场影像资料和证明人，经查证属实，一次奖励 2 万元。2018 年 5 月，就有民众举报杨坝垱水域投肥行为，经确认属实，环保部门对相关企业立案查处，给予了举报人 2 万元奖励。

宋家坪溪下游河道原貌

宋家坪溪下游河道经过清淤疏浚焕然一新（与上图拍摄于同一地点）

一湖碧水再展新颜

西毛里湖的治理成效十分明显，湖体及其主要入湖溪河水质由富营养的劣Ⅴ类提升到Ⅲ类，一级水源保护区达到Ⅱ类。

湖泊经过工程修复和休养生息，已恢复了良好功能。作为南方水生动植物基因库的物种减少状况得到遏制，生物多样性得到发展。毛里湖国家湿地公园植被面积增加618公顷，生物量增加12万吨，鸟类、鱼类、两栖类种群大量增加，生物多样性更加丰富。

通过治湖项目推动了流域乃至津市农村地区生活垃圾、生活污水、农业面源污染的有效治理，助推了津市乡村振兴和美丽乡村建设。沿湖退塘还湿地段形成了新的水生经济作物带和亲水旅游风光带，打造了乡村新的经济增长点。

西毛里湖如此干净利落地推出“拆、退、建、治”四项举措，是对过去几十年过度开发和排放污染的“还债工程”。有四点经验值得借鉴：

一是实行了上下联动的工作格局。 借力国家政策，津市市委、市政府实行环保党政同责，整合部门和乡镇力量和资金，吸纳企业治污资金投入，有效夯实了工作保障。

二是突出了规划引领的科学理念。 始终坚持顶层设计先行，规划设计体现了高站位，政策设计体现了高层次，路径设计体现了高视野。

三是形成了群众参与的管理模式。 发动群众投工投劳，设立湖泊网格管理员，开展有奖举报活动，对举报者兑现了奖励，对违法活动者进行了严厉查处。

四是建立了监管为重的长效机制。 成立了湖南津市毛里湖国家湿地公园管理处，统一行使湖泊生态保护职能；建立了各种规章制度，推行“绿色存折”制度，实现垃圾的减量化和资源化利用；采取政府拨一点、集镇居民收一点、农村“一事一议”凑一点等办法筹措环保资金；建立健全了联合执法机制，组织对水域和流域的巡查，严厉查处环境违法案件，增强依法治湖、管湖的能力和权威。

回首十年前的西毛里湖，就如同全身长满毒瘤、瘤中已然化脓的躯体，如不下决心刮毒去瘤，最终将无可救药。

治理后的西毛里湖

人类可以恢复生态平衡，便一定可以维护天然屏障。一切病痛已然成为过去，悲伤不会卷土重来。你看，西毛里湖的水灵动清丽令人遐思，岸边的小屋蒙着一层轻纱，朴实善良的人们在一旁深深呼吸，这片土地清新美丽而泰然祥和。山水无言，然非无声……你还碧水于万物，她定会滋养你一方。

专家点评

置身西毛里湖，令人心旷神怡，流连忘返。曾几何时，津市的母亲湖——西毛里湖污浊不堪，如今涅槃重生，一派欣欣向荣的景象。这是湖湘儿女“守护好一江一湖四水”的一个缩影。“护水、扩水、洁水、净水”，西毛里湖从铲除污染根源到持续全面治水，推动了津市的乡村振兴和现代化发展。这启示我们：绝不能走先污染后治理的老路，而要走保护优先绿色发展的新路，才能实现高质量发展，利在当代，福荫子孙。

唤来白鹳栖“东风”

——岳阳市岳阳楼区东风湖旧貌换新颜

要坚持共抓大保护、不搞大开发，做好洞庭湖生态保护修复，统筹推进长江干支流沿线治污治岸治渔，做好渔民转产安置和民生保障工作。

——习近平 2020 年 9 月 16 日至 18 日在湖南考察时的讲话

阳光明媚，白鹳飞翔，湖面上清波荡漾；沿湖绿道、水生湿地多种元素叠加，一个绿意浓郁、生机盎然的景观湖浮现眼前。行走东风湖，人在画中游，这是治理后的东风湖的简约素描。

2018 年 4 月 25 日下午，习近平总书记亲临岳阳，考察了位于长江沿岸的岳阳市君山华龙码头，走进一处巡护监测点，通过实时监控察看了东洞庭湖国家级自然保护区生态保护状况，勉励大家做好长江保护和修复工作，守护好一江碧水。这为湖南生态文明建设指明了方向。

水情是湖南的重大省情。守护好“一江一湖四水”，是湖南省委、省政府和全省人民的不懈追求。东风湖位于湖南省岳阳市主城区西北部，曾经是岳阳市中心城区最大的黑臭水体。治理东风湖污染，成为省、市、区三级党委、政府关注的焦点。

为了总书记的殷殷嘱托，为了人民群众对一湖清水的期盼，湖南省委、省政府主要领导多次到东风湖调研指导，要求久久为功、抓铁有痕、一抓到底，把东风湖治理好，彰显了打赢碧水保卫战的坚定决心和为民情怀。

痛彻心扉：碧水变成污水湖

岳阳，古称“巴陵”，是一座名副其实的水城。《岳阳楼记》描述的“波澜不惊，上下天光，一碧万顷，沙鸥翔集，锦鳞游泳，岸芷汀兰，郁郁青青”，是岳阳市洞庭湖的生动写照。

东风湖原属洞庭湖的一部分，20 世纪 50 年代围垦而成，南北走向，分为上上湖、上湖、中湖、下湖 4 个基本独立的湖泊系统，水域面积约 3400 亩。

然而，由于长时间作为城市的调蓄湖、养殖湖和纳污湖，一湖碧水逐渐成了有名的“污水湖”。从 1959 年建渔场开始，雨水、污水、垃圾就大多直接排放在湖里。后来，湖边小作坊陆续开张，直通水体的排污口快速增加，这污染了毗邻的洞庭湖水质，江湖相连，长江也因此受到生态威胁。

根据 2017 年黑臭水体摸底调查，东风湖上上湖区域被认定为“重度黑臭”，水体变黑散发臭味，上湖、中湖和下湖区域属于“轻度黑臭”。

东风湖的水体污染，一是直接往湖内排放污水。整治前沿湖有排口 34 个、大型污染企业 5 家，每天约有 5 万吨污水直排，湖体水质为劣 V 类。二是将垃圾随意丢入湖中。在治理前，湖面上漂浮着许多的管网垃圾、白色垃圾，垃圾下漂浮着大片油污，十分脏乱。据清理垃圾的环卫工人介绍，他们每次打捞都要装 5 到 6 袋的垃圾。

伸杆、打捞、收网，70 多岁的赵老伯和老伴儿，曾经每天都在东风湖上重复成百上千次这样的动作。一个打捞，一个开船，累了两人就轮换。捞上来的，不是鱼虾等水产品，而是垃圾和污泥。“湖水又黑又臭，一到夏天就冒泡泡，噗噗噗——垃圾就这样漂起来！”

治理前的东风湖一角

现在的东风湖景观

重拳出击：综合治理显成效

彻底治好东风湖的污染病，既是人民的呼声，也是中央、省委的要求。岳阳市和岳阳楼区党委、政府痛定思痛，下定决心打赢这场“碧水保卫战”。

控源截污，完善管网，提高污水处理能力。 东风湖片区原是岳阳的老厂区、棚户区、洪涝区，污水处理能力不足，污水管网配套不完善，导致各类生产生活污水直排湖中。消除黑臭水体，首先要控源截污，实行“一口一策”，对沿线所有的排污口进行封堵截流，杜绝了污水直排现象。

扩建污水处理厂，加快截污管网建设，解决污水处理问题。岳阳市城投集团承担起了东风湖截污管网的建设和马壕污水处理厂扩容的重任。2018 年 10 月，330 米长的青年堤箱涵建成后，收集了京广铁路以西片区居民每天产生的 2 万多吨生活污水。马壕污水处理厂也随后扩容至 10 万吨/日，从青年堤箱涵接入马壕污水处理厂的污水，经过处理后出水水质达到城镇生活污水排放一级 A 标准，尾水排入东风湖上湖，有效减少水污染。

一手抓污水处理厂的扩容，一手抓截污管网同步建设。三年来，共建成环湖截污干管 13.65 公里，新建下湖延寿寺路至洞庭大道污水管网 7.89 公里，污水提升泵站 5 座，实现了管网全覆盖、污水全处理。

通过新建调蓄池和运用新工艺等方式，实现污水净化。在建的青年堤调蓄池和高家组调蓄池，总容积达 3.55 万立方米，可储存雨季溢流污水，雨后抽排至污水处理厂净化排放。采取膜生物反应器、浮动湿地、水力旋流雨水净化装置等工艺，对沿湖 7 个溢流口、6 个雨水口进行生态强化再处理，有效降解和去除了污染物，水体生态得到较好恢复。

清淤疏浚，清除垃圾，保障湖体健康呼吸。 淤泥是导致水体黑臭的重要原因，清淤是对水体开展内源治理的有效措施。在东风湖片区建成长江大保护首个淤泥固化场，通过挖泥船带水清淤作业，共清运黑臭底泥 125 万立方米，有效降低了内源污染负荷。清出的淤泥经固化处理后，全部无害化填埋。“厂网湖一体”的高效水环境综合治理模式，城镇污水治理的“岳阳经验”被三峡集团在长江流域推广。

清淤之后，对湖面垃圾进行常态化打捞，确保水生植物、岸带植物落叶等季节性生物残体和水面漂浮物及时清理。同步对湖体保护范围内岸线生活垃圾、建筑垃圾进行及时清理，对垃圾临时堆放点进行整顿，防止垃圾对水体造成污染。

如今东风湖的水环境和周边环境得到极大改善，水系生态功能逐步恢复，湖体劣 V 类水体基本消除，实现了湖体健康“呼吸”。

生态修复，岸线整治，推进海绵城市建设。 “告别黑臭”只是湖水治理的第一步，水下有“森林”、水里有鱼虾、水面有飞鸟，这才是健康生态的湖泊。东风湖水生态修复过程中，通过曝气增氧等底质改良措施，在湖内种植水生植物、投放水生动物，有效去除了水体中的氮磷有机物，形成了平衡、健康、稳定的湖泊生态系统。

岸上的自然景观也同步进行改造。按照城市公园设计标准，对东风湖开展岸线整治、堤岸覆绿和生态景观建设。截至2021年，岸线修复面积约50万平方米，新建环湖绿道14公里，建成栈道、亭台、廊桥等景观和亲水平台、运动健身等设施，一个“市民休闲好去处、城市形象新客厅”的生态公园已呈现在人们面前。

海绵城市技术在东风湖整治中得到应用。作为岳阳第一条海绵城市示范道路，得胜北路延伸段采用生态滤沟、透水路面、下沉式绿地等技术，使得地面能够有效吸收并储存雨水，对雨水进行一定的净化，实现废水再利用。东风湖周边共新建海绵道路7条、长4.7公里。这些道路不仅构成了环湖路网，改善了周边交通环境，而且为解决城市内涝，建设自然积存、自然渗透、自然净化的“海绵城市”积累了经验。

多措并举，重拳出击，确保水域长治久清。 湖体污染是多因素造成的，往往是污染在水里，根源在岸上。2017年7月11日，岳阳市政府出台了《关于加强东风湖新区环境综合整治的通告》。随之，岳阳楼区委、区政府强力整治东风湖周边环境，对沿湖企业实施“退二进三”（从第二产业中退出来，从事第三产业），磷肥厂、制药一厂、化肥厂、麻纺厂、3517橡胶厂等5家大型污染企业已全部关停或搬迁，豆腐加工作坊、洗衣坊、黏土砖厂等83家小型污染企业关停或拆除。3400亩水面全部退养，拆除养鱼设施设备，禁止投肥投饵，关停沿湖周边1公里范围内的畜禽养殖场。

为了确保水域长治久清，全面落实河长制，岳阳市建立

“市、区、街道、社区”四级巡湖制，竖立湖长公示牌，接受市民日常监督。市纪委监委加大对洞庭湖生态环境治理问题的监督执纪问责力度，开展专项机动巡逻，紧盯重点单位、重大事项、重点问题、重点人员，深入了解落实责任是否到位，工作作风是否到位，重点单位、关键环节是否监管到位，倒逼各级各部门扛起环境保护政治责任，为东风湖生态环境持续向好保驾护航。

通过综合采取“控源截污、内源治理、生态修复、长治久清”四大措施，历经三年的努力，东风湖黑臭水体整治取得了阶段性胜利。2019 年，解决了污水直排问题。2020 年，全面消除了黑臭，水质已稳定在Ⅳ类，东风湖生态公园如期建成开园，实现了从“工业锈带”向城市生态休闲地标的跨越。2020 年 12 月 31 日，湖南省政府办公厅在《关于省政府 2020 年重点工作综合大检查发现有关地区典型经验做法情况通报》中，对岳阳市“综合施策东风湖重现水清岸绿新画卷”的做法，给予通报表扬。

为把东风湖流域生态环境治理打造成为岳阳、湖南乃至长江经济带绿色发展的示范样板，2021 年 1 月，岳阳市委、市政府出台《东风湖流域生态环境治理体制升级实施方案》，深入开展“四大提质”升级行动，全面实施“源、厂、网、湖”全要素治理，巩固和提升整治成效。岳阳楼区成立区委书记任政委、区长任指挥长、三位相关副区长任副指挥长的东风湖流域生态环境治理提质升级指挥部，制定了《岳阳楼区东风湖流域生态环境治理提质升级实施方案》，遵循“保护优先、治理为主、属地负责”原则，采取面源污染治理、垃圾分类和环卫保洁等九大行动，全力以赴抓好东风湖生态环境提质升级工作。2021 年 6 月，东风湖荣获湖南省“美丽河湖优秀案例”称号。

“以前基本上是绕道走，现在我经常和家人来湖边散散步，挺舒服的。”家住东风湖附近的市民朱先生感受到了东风湖整治后带来的获得感与幸福感。

治理前的上湖沿岸线

治理后的上湖沿岸线

绿色发展：化害为利展雄图

保护和发展是一鸟两翼。只有保护优先，发展才具有良好的生态基础；只有绿色发展，保护才能持续巩固。为守护好一泓碧水和造福百姓，岳阳市决定，实施东风湖新区开发，一幅保护与发展共赢的蓝图就此展开。

东风湖新区位于岳阳市的西大门，有着良好的区位优势和生态优势，是岳阳走向“长江时代”的窗口。规划面积为16.95平方公里，规划定位为“彰显江湖名城特色的滨水生态区、长江中游最美的魅力夜游城、岳阳最具人文关怀的创新创业湾”。据岳阳楼区副书记、区长白再兴介绍，未来三年，将重点建设一湖清水、一座地标、一个小镇、一处乐园、一场演艺、一片街区“六个一”，把东风湖新区打造为岳阳城区新亮点、城市新名片、城建新品牌，确保东风湖新区在品质、速度和效益上成为新标杆。

新区分两期开发：一期重点推进九华山片区、沿湖大道相关区域的开发建设，规划可供开发的出让用地约1300亩；二期结合己内酰胺产业链搬迁，启动周边片区的开发建设，总用地面积约4792亩，可供开发的出让用地约2226亩。2019年，成功引进央企金茂集团，在九华山片区打造占地66亩的洞庭生态创新城，包括建设高端住宅、商业、湖鲜小镇等，重点打造集国际五星级酒店、甲级写字楼、总部办公等业态于一体的岳阳新地标——洞庭明珠观光塔。2021年，启动己内酰胺（舍岳纺）片区开发建设，按照“一年启动、三年成型、五年建成”的目标任务，逐步实现整体开发。

如今，水清岸绿、鱼翔浅底的东风湖，像一颗绿宝石，镶嵌在岳阳城西北部，重新成为市民宜居宜业之地，成为千年古城靓丽的生态名片，也书写了“守护好一江碧水”的岳阳答卷。我们坚信，这一方发展潜力巨大的热土，必将焕发出造福一方的勃勃生机。

专家点评

生态优先，绿色发展，是长江经济带发展的总思路。岳阳整治东风湖，通过截污、清淤、退养、净淤、复绿、严管等举措，湖体水质得到明显改善，“黑臭典型”变为“生态名片”，重现了水清岸绿“新画卷”，并在此基础上谋划新区建设，保护与发展并重，为着力打造“最美长江岸线”提供了有益经验和鲜活案例。实践证明，只要认真践行习近平生态文明思想，科学谋划，勇于决策，上下同心，久久为功，打好污染防治组合拳，生态环境存在的问题就可以解决，就一定能把湖南建设成蓝天碧水净土的美丽家园。

让老百姓共享“蓝天幸福”

——怀化市科学防治城市空气污染

加强污染物减排特别是大气污染防治，推进重点行业、重点区域大气污染治理，加强区域联防联控，把已经出台的大气污染防治十条措施真正落到实处。

——习近平 2013 年 12 月 10 日在中央经济工作会议上的讲话

走进怀化，蓝天白云下，舞水河碧波荡漾，中坡山绿意盎然，湛蓝的天空辽阔高远，市民们闲庭信步，欣赏这望得见的绿、看得见的水，尽情畅享清新的空气。萦绕在脑海中的印象是山更绿、水更清、天更蓝、城更美，整座城市“呼吸舒畅”。

天蓝地绿城美的怀化城区全景图

怀化，一座火车拖来的年轻城市，区域面积 2.76 万平方公里，森林覆盖率长年保持在 71%以上，居湖南省第一，是“全国九大生态良好地区之一”，2011 年，被评为全国生态示范市。

然而，随着城市建设不断提速，忙碌的工地、飞驰的汽车、喧嚣的商业、诱人的餐饮给这座城市带来了繁华，也带来了日渐严重的空气污染问题。2012 年实施监测以来，城区空气 PM10 一直超标，2017 年城区环境空气优良天数降到最低点 315 天。中心城区与处处是“天然氧吧”的广大乡村形成鲜明反差。

怀化市是后发地区，经济发展压力大，而人民群众又对曾经的蓝天白云无比渴望，怎么办？市委、市政府研究决定，既要经济发展，又要蓝天白云，在大力推进高质量发展的同时，创建国家环境空气质量达标城市。

从2018年起，全面打响一场声势浩大的蓝天保卫战。时任怀化市委副书记、市长的雷绍业铿锵有力地说："必须以铁的手腕，抓每天、每个小时的空气质量，久久为功，一定要成功创建国家环境空气质量二级标准达标城市。"

分析查找城区空气主要污染源

空气质量要改善，找到症结是关键。只有找准"病灶"，才能对症下药。"开战"之初，怀化首先从多角度、多方位对城区污染源进行定性定量分析，从科学数据中得出治理思路，形成治理方案。

从地形特点分析， 怀化城区中间平坦四面环山，属盆地地形。这种地形的优点是受雪峰山地形阻隔，从北方传输的污染空气较难影响到本地气候。但缺点同样突出，大气污染尤其是颗粒物污染形成后容易累积难以扩散。

从现场实际分析， 建筑工地粗放施工情况比较严重。当时城区100多个建设项目大多没有规范冲洗平台，没有围挡施工，没有湿法作业，没有场内运输道路硬化，晴天施工现场灰尘遮天蔽日。渣土车轮胎带泥上路，加上老式渣土车沿途撒落，工地附近几公里的"黑油路"变成了"黄泥路"，车压风吹后，尘土飞扬。

从监测数据分析， 省蓝天保卫战专家通过研究怀化近三年大气监测情况，发现怀化城区 PM2.5 与 PM10 浓度比值长期处于 0.3 到 0.5 之间，参照 PM10 主要来源于工地建筑扬尘、PM2.5 主要来源于外源污染、工业生产、汽车尾气等污染的经验，得出了怀化城区空气质量不达标的主要原因是建筑扬尘污染的结论。这为之后“突出重点、点面结合、源头管控、末端治理”的总体治理思路提供了重要的科学依据。

全链条整治城区建筑施工扬尘

PM10 是城区环境空气治理的重中之重，其主要源头是城区建筑施工扬尘。治理 PM10 污染重点是整治建筑施工扬尘。怀化实行精细管理，狠抓责任落实，着力堵塞建筑施工、渣土运输、渣土填埋等各个环节的漏洞。

前端治理建筑工地。 对场地平整项目提前介入，项目作业施工必须达到围挡施工、裸土覆盖、场内湿法作业、建立冲洗平台、场内道路硬化、渣土密闭运输“6 个 100%”要求。与在建项目单位签订了《城区在建工地文明施工及扬尘污染治理工作责任状》，建筑面积超过 1 万平方米且工期 6 个月以上的项目，全部安装扬尘在线监测和视频监控系统，让建筑工地扬尘“无处遁形”。

施工工地裸土覆盖前后对比

中端治理道路扬尘。 购置新型绿色环保渣土车 345 台，全部淘汰老式渣土车，确保渣土全过程封闭运输。主次干道、重点巷道清扫从每天 2 至 3 次提高到 4 至 5 次，人行道板清洗从每月 4 次提高到 7 次，道路洒水（喷雾）降尘从每天 2 次提高到 4 次。硬化混凝土路面 1.18 万平方米，修复车行道沥青砼路面 12.07 万平方米。

新旧渣土车对比

街道冲洗前后对比

末端治理渣土填埋。 建成水垅、小木杉溪、新家庄三个弃土场，建成井坪建筑垃圾消纳场，确保渣土和建筑垃圾全部实行规范处置；清运城区及周边无序堆放建筑垃圾 1.9 万余吨；加大违规渣土运输执法力度，依法立案处罚违规运输 32 起；清理整顿砂石场销售点 41 个，取缔非法砂石场 5 家。

宽领域治理城区空气 PM2.5 污染

PM2.5 细颗粒物是城区空气的重要污染源，治理存在点多线长面广问题，涵盖了生产生活方方面面。怀化坚持全方位推进，全领域治理，不留空档和死角。

治理工业大气污染。 督促台泥（怀化）水泥有限公司实施蒸汽低氨燃烧脱硝工程改造，湖南骏泰新材料科技有限公司实施发电机组超低排放改造。深入推进工业炉窑摸底和达标排放，查清全市工业窑炉 239 台，完成工业锅、窑炉重点减排项目 14 个。

治理汽车尾气污染。 将机动车尾气环保检测作为机动车安全检验前置条件，凡机动车尾气检测不合格的车辆一律禁止核发检验合格标志。机动车环检站与环保部门全面联网，全面实现机动车环检与安检同步，共维修治理首检不合格车辆45699台，淘汰老旧车辆462台。

治理挥发性有机物和经营性油烟。 制定实施了《怀化市“散、乱、污”企业整治工作方案》《2020年挥发性有机物综合整治工作方案》，整治石化、有机化工、工业涂装、包装印刷、家具制造等VOCs企业24家。全面排查城区餐饮油烟排放，整治超标排放油烟餐饮企业2147家。

禁燃禁放禁烧。 责令87家宾馆、小餐饮限期改用清洁能源，实现城区宾馆清洁能源全覆盖。查处违规燃放烟花爆竹行为300余起、拘留100余人，除春节、中元节（指定区域燃放后立即降尘）外城区实现烟花爆竹零燃放。制定了《农作物秸秆禁烧通告》《农作物秸秆综合利用方案》，农作物秸秆综合利用率达85%。

推广新能源应用。 购置纯电动公交车64台、纯电动乡村巴士20台，替换原来所有市区营运燃油车辆，全市公交纯电动覆盖率达到100%，全面实现城乡公交车尾气零排放。推动工程运输车辆升级换代，更新国六车型车辆89台。

实施绿城攻坚行动。 以创建国家园林城市、国家森林城市为目标，大力推进城市道路绿化、庭院小区绿化、公园游园建设、林荫停车场建设等重点项目。到2020年，怀化城市建成区绿地率达到35.41%，绿化覆盖率达到39.48%，人均公园绿地面积达到10.34平方米，一座空气清洁、环境优美、生态良好、人居舒适的山水园林城市呼之欲出。

绿城攻坚扮靓城市家园

构建空气污染治理长效机制

城区空气质量达标不能一劳永逸，一时达标并不意味着一直达标。怀化在城区空气质量治理过程中，不断补齐短板、锻长长板，强基固本、提升能力，确保行稳致远、形成长效。

依法防治空气污染。2020年10月，怀化市人大常委会审议通过《怀化市扬尘污染防治条例》，以地方性法规形式进一步明确了防治措施、监督管理、法律责任，确保扬尘污染防治执法有法可依、有章可循。2021年3月1日起，该条例正式施行，全市环境空气治理走上法治化轨道。

加强常态化监测。投入390余万元，新建大气监控平台和

35座网格化小微站，将全市48个小微站、12个省控站、5个国控站数据接入平台实时监控，打造1公里网格化监测网络，为空气质量精准防控布设了“天眼”。

投入1220余万元，建设大气颗粒物组分监测站1座、机动车移动遥感监测系统1套、固定遥感监测系统3套，建成机动车尾气监测站监管平台1套，进一步完善“天地人车”一体化的机动车排放监控体系。

怀化市扬尘污染防治条例、网格化小微站、大气颗粒物组分监测站

经过共同奋战，怀化城区环境空气质量持续大幅改善：2020年，怀化市城市空气质量优良天数达359天，优良率达98.1%，同比上升7.7%；PM10、PM2.5浓度分别为53微克/立方米、29微克/立方米，同比分别下降19.7%和19.4%，PM2.5浓度改善率居全省第一，获湖南省政府真抓实干奖。

2020年，怀化成功创建国家环境空气质量二级标准达标城市。老百姓共享“蓝天幸福”，成为怀化深入践行习近平生态文明思想引领性、标志性的成果。

专家点评

蓝天保卫战是国家战略，是重大的民生工程，也是实现高质量发展的必然要求。怀化是一个“美得令人心痛”的地方，但城市建设中曾一度忽视环境保护，让蓝天白云渐渐远去。在习近平生态文明思想指导下，怀化市委、市政府痛下决心进行空气污染治理，打响声势浩大的蓝天保卫战，通过多措并举、铁腕治污，成功创建国家环境空气质量二级达标城市，彰显了责任担当，体现了为民情怀。

为了空气常新

——衡阳县率先开展县城机动车尾气治理

坚决打赢蓝天保卫战是重中之重。这既是国内民众的迫切期盼，也是我们就办好北京冬奥会向国际社会作出的承诺。

——习近平 2018 年 5 月 18 日在全国生态环境保护大会上的讲话

县城是县域政治、经济和文化中心。随着机动车的激增，尾气排放已成为很多县城空气污染的重要因素。如何解决机动车尾气污染呢？

对于湖南省衡阳县的司机来说，无须停车、即过即检的机动车尾气排放遥感检测早已司空见惯。只要驶过检测点，检测仪器就会瞬间生成检测报告。目前，全国很多地方还没有开展类似检查，“没见过吧，我们县可是全国首创！”司机小张的脸上洋溢着自豪感。

敢为人先，小县城率先“吃螃蟹”

衡阳县位于湖南省衡阳市西北部，湘江中游，距衡阳市区约 10 公里，因位于南岳衡山之南而得名。县城建成区面积 15.6 平方公里，以有色金属著称于世，素有“有色金属之乡”和“非金属之乡”的美誉。

衡阳县生态环境历史欠账多，治理任务重。城市建设受资金短缺等因素制约，市政配套设施滞后。很多机动车拖着一溜黑烟穿梭于大街小巷，严重影响空气质量和居民生活，让市民叫苦不迭。“晴天一身灰，雨天一身泥，车后一溜黑”成为老百姓对县城生活环境的无奈自嘲。

衡阳县委、县政府深入学习贯彻习近平生态文明思想，坚持生态优先绿色发展，大力实施生态立县发展战略，持续推进“三大污染防治攻坚战”。

2017 年，为全面改善县城空气环境质量，县环保部门针对群众反映强烈的机动车尾气排放污染问题，借鉴外地先进经验，经过集体调研论证，向县委、县政府提出了机动车尾气污染联防联控工作方案。

一时间，机动车尾气污染整治迅速成为人们热议的话题。“什么？要搞尾气检测，没听说过啊？”“我们这吃饭财政，发展经济都吃力，还搞什么尾气遥感检测？”“上面既没文件也没政策要求啊！”“是件新鲜事，可以试试，看效果如何嘛。”反对者有之，赞成者有之，更多的是质疑者和观望者。

县委、县政府广泛听取各方意见，深入开展调研论证，努力争取上级支持，反复讨论研究后正式启动实施。放眼全国，尚未有县级层面开展机动车尾气排放污染整治，衡阳县首开全国先河！

协同联动，多部门织牢“防护网”

机动车尾气污染治理涉及多个部门，需要政策法规、队伍、资金、设备技术、监督等方方面面的协同配合。

出台文件联防联控。 印发了《衡阳县黄标车提前淘汰奖补方案》《衡阳县高排放车辆禁行区划定方案》《衡阳县机动车排放大气污染联防联控工作方案》《关于在全县开展矿产企业开采、加工、运输及机动车排放大气污染防控联合执法实施方案》《衡阳县柴油货车污染治理工作方案》《关于加强衡阳县非道路移动机械编码登记和检测的通知》等政策文件，为防控执法提供了依据。

划定了县城高污染排放车辆禁行区，明确了部门职责，压实了工作责任，形成了强大的尾气治理联防联控执法合力。

完善机制联合执法。 明确由县生态环境分局牵头抓总，组建了机动车尾气上路遥感检测和联合执法队伍。从生态环境、交警、交通、农业农村、城管、住建等 6 个部门抽调 10 名专业执法人员，与原单位工作脱钩，专职从事机动车尾气污染联合执法工作。

筹建专用办公室，作为机动车尾气污染防控联合执法队和县城饮用水源保护联合执法队的专用办公场地。由县级财政预算安排联合执法运行经费、非道路移动机械编码登记专项经费等工作经费。常态化开展机动车尾气上路遥感检测，扎实推进非道路移动机械编码登记。

机动车尾气移动遥感检测联合执法

采购设备强化支撑。 在全国县级城市率先采购了机动车尾气移动遥感检测车。在不影响车辆正常行驶的情况下，

0.7 秒内就能完成机动车尾气排放污染检测并输出检测结果。同时对固定机动车检测站检测数据进行比对和监督管理。配备了便携式不透光计、对讲机、执法记录仪等执法装备，为全县机动车及非道路移动机械排气污染防控提供了设备和技术支撑。

多点发力重点突破。针对矿山开采、加工企业非道路移动机械开展尾气污染专项整治行动，力求非道路移动机械遥感检测达标排放，提升企业扬尘防控效果。重点开展机动车运输车辆上路检测和联合执法，在限载、封闭运输、达标排放、防治设施和尾气控制装置或技术使用上实现突破。

开展建筑施工场地运输车辆检测和联合执法，强化施工运输规范管理。加强机动车尾气固定检测站与遥感检测的衔接和对比，实现机动车尾气检测规范化。

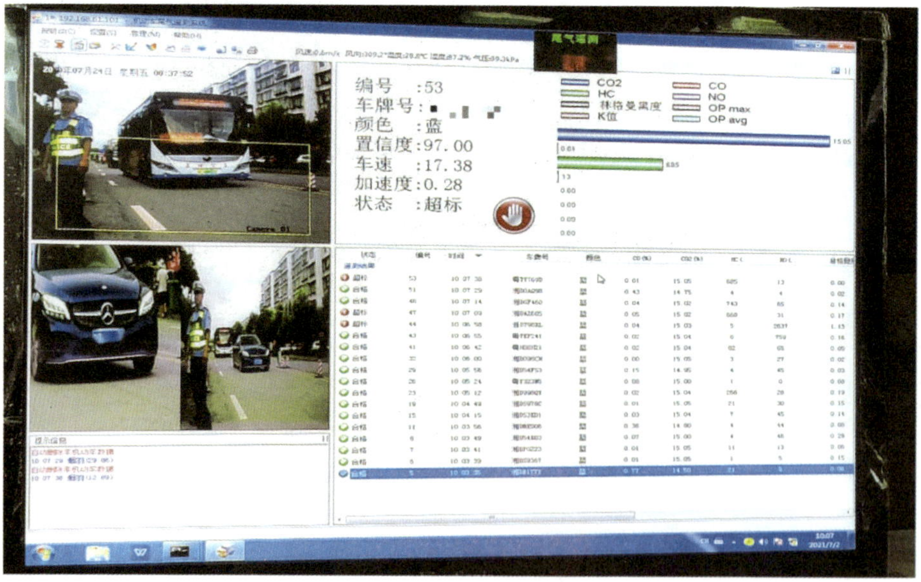

机动车尾气移动遥感检测终端

从严执法确保实效。 联合执法组严格依法依规公正执法，对闯县城区高污染车辆禁行区的违规车辆扣3分、罚款200元；对不达标的企业依法处罚、限改和停产；对非法运输车辆上路实施强制整改和处罚；对运输车辆严格检测，对尾气未达标的机动车、非道路移动机械，或未按照规定加装、未更换污染控制装置、未采用污染控制技术的机动车和非道路移动机械实施处罚。

对拒不改正的撒漏、超载、未封闭运输车辆实施强制扣押，停止上路行驶。加强对机动车检测站的监督检查，对不执行国家新标准、新规定，或在检测过程中弄虚作假的实施处罚和取消资质。

县领导先后多次采取“四不两直”的方式，到机动车联合执法办公场所、高排放车辆禁行区、机动车尾气固定检测站、主要交通干线、井头界牌矿区等场所进行专项督查，对发现的问题由县委、县政府督查室下达专题督办函跟踪整改落实。

常抓不懈，老百姓乐享“成绩单”

衡阳县以机动车尾气污染治理为抓手，持续推进蓝天保卫战，交出了一份亮眼的成绩单。

尽职履责不缺位。 全县机动车尾气联合执法组对照标准和要求，全天候深入矿区、企业、施工场所、主要交通干线、机动车尾气检测站开展联合执法。

自2017年启动以来，始终坚持年均150天上路遥感检测。

2019 年 7 月至 9 月井头石材矿区专项整治和 2020 年 12 月界牌矿区专项整治期间，联合执法组冒着酷暑和冻雨到矿区每家企业开展非道路移动机械摸底调查和执法。

现场处罚排放超标车辆

宣传引导显成效。 县里采取线上线下结合、传统媒体与新媒体全覆盖方式广泛宣传机动车尾气超标的危害和防治常识。

在县城和乡镇街口、社区、机关、学校设立固定宣传牌，悬挂宣传横幅，宣传车巡回宣传。开设专栏宣传机动车尾气污染相关法律法规和县级规范性文件，扩大影响力和覆盖面，形成强大的舆论氛围。

经过几年的宣传引导，尾气治理已深入人心，融入了百姓生活，成为绿色出行的必备。“现在空气比以前好多了”“雾霾少了，我们更愿意出来了”“这件事做得好啊”，跳广场舞的大妈们赞不绝口。

喜看成绩有作为。 经过近四年的机动车尾气污染上路遥感检测、日常督查和联合执法，全县机动车检测站检测工作更加规范化。

提前完成全县黄标车淘汰任务，淘汰黄标车 1317 台，淘汰尾气超标的县城公交车 91 台，新增新能源电动客车 91 台，新能源公交车辆比重达到 100%。

全县 50 余家矿山企业、60 余个建设施工项目和 1000 余辆尾气超标车辆按要求完善了排气污染防治设施。

经过持续治理，截至 2020 年 10 月底，全县空气优良天数达 293 天，优良率为 96.1%，较上年度增加 8.7 个百分点。全县人民对空气常新、蓝天常在的满意度有了很大提升。

清洁能源公交车辆投入运行

专家点评

衡阳县敢为人先，在全国县级层面率先开展机动车尾气遥感检测，从“小事”入手，解决大气污染大问题，站位高、切入准、执法严、效果好。生态文明建设是系统工程，既需要跨部门“大生态”工作格局的支撑，又要有切实可行的切入点。用单点突破、系统推进的方式开展工作，有效回应民众关切，既容易凝聚共识，又彰显了以人民为中心的发展思想。实践证明，以“小突破”推动“大环保”，夯实生态优先绿色发展的民意基础，更容易汇聚生态文明建设的强大合力。

整治环境顽疾

“世界锑都”的前世今生

——冷水江市锡矿山环境治理与绿色发展之路

深入推进生态修复和环境污染治理，杜绝滥采乱挖，推动流域生态环境持续改善、生态系统持续优化、整体功能持续提升。

——习近平 2021 年 4 月 25 日至 27 日在广西考察时的讲话

曾经被誉为“世界锑都”的湖南省冷水江市，2009 年被国务院列为第二批资源枯竭型城市。几乎所有的资源枯竭型城市都面临着产业转型发展与生态环境治理的双重压力，冷水江市也一样。

资源枯竭型城市，是我国工业化进程中“衰落的贵族”。真正的贵族，即使衰落也会保留着一种独有的特质，不会丧失应有的品质和坚韧精神。

而今，冷水江市的锡矿山，在蓝天白云的映衬中，目之所及是绿中泛黄的绵亘山峦，温馨静谧的乡村院落，整洁有序的生产厂区，错落有致的居民小楼……昔日寸草不生、满目疮痍的景象，只留存于记忆之中。

“世界锑都”的百年辉煌

冷水江锡矿山不产锡而产锑，其名源于数百年前的一个误会。锡矿山最早命名，始于明末。因为锑与锡形色相似，当时的人误以为锡，锡矿山由此得名。

清末，矿禁大开，洋商来我国收购矿砂，汉口洋行备有各类矿产样品，锑就是其中之一。自此，中国人开始知道锑这个名字，也刺激了人们对锑的开采兴趣，锡矿山以其丰富的锑储量被世人所认知。

在矿产的开采中，冷水江锡矿山成了一个国内罕见的资源宝库。除锑矿雄居世界第一之外，这里还被称作“江南煤海”，煤炭储量2亿余吨，占湖南省已探明储量的1/6。此外，具有开采价值的矿藏还有铅、铁、锌、镁等金属和稀有金属矿以及石墨、硅石、耐火黏土等非金属矿产。

至今，锡矿山采矿、冶炼已达120多年之久，以锑资源储量世界第一、锑产品产量世界第一、锑产品质量世界第一，摘得“世界锑都”的桂冠，在我国近现代工业发展进程中，作出了巨大贡献，成为几代人的记忆。

由于这种资源优势，冷水江在建市40多年中，以湖南2‰的面积和5‰的人口，创造了10‰以上的经济总量和7‰的财政收入。

然而，矿产是非再生资源，经过100多年开采，冷水江的地下资源日益枯竭。2009年，冷水江市被国务院列为第二批资源枯竭型城市，据当时估算，锡矿山的锑仅能持续开采5年。具有百余年历史的闪星锑业也靠从外地运来锑矿石原料冶炼。

“世界锑都”已经无锑可采，“江南煤海”已经无煤可挖。“锑都不再”成为一个令人焦虑的既定事实。

锡矿山涟溪河治理前后对比

百年辉煌，留下百年沉疴

锡矿山 100 多年开采历史，带来了巨大的经济利益，给人们留下了辉煌的记忆，也留下了百年沉疴。

21 世纪初，锡矿山已经千疮百孔。堆积如山的矿渣，光秃秃的山头和一个个大小、深浅不一的天坑，让人如同置身一个陌生的“外星球”。

最大的天坑，是 2004 年 4 月一天半夜里塌陷的，陷落的声音千米之外都听得到。当时，采空区是锡矿山的一个定时炸弹，让很多矿区人夜不能寐。矿区随处可见“此处沉陷，注意安全”的标识牌，让人提心吊胆。

近一个多世纪的锑矿开采，造成该地 2.5 平方公里范围内分布着大面积地下采空区，其中最高采空场高达 30 多米，矿下顶板距地表最薄处仅 20 米。2008 年，冷水江市成为湖南省第一个开展采空沉陷区治理的试点城市。

长期的开采还造成了严重的环境污染。冷水江“三废”排放量居高不下，总量占娄底五县市的 70%以上。炼锑产生的砷碱渣破坏了地表，附近山体污染严重，环境破坏、空气难闻、植被荒芜；水体污染严重，使城乡安全饮水存在极大隐患。

“那些房子和烟囱都是炼锑的。过去炼完锑之后便将废渣四处堆放，结果弄得漫山遍野都是尾矿渣。”长龙界居委会一位村民指着南矿区一座山头的冶炼炉说。这些山上的尾矿渣在雨季被雨水一冲刷，渣中有毒矿物质直接流进山下的农田里，渗透到地下水之中，结果把他们喝的水都污染了。当年村民养猪场的猪出现厌食、长痘等症状，“村民养在鱼塘里的鱼都死光了。”

当地生态系统的破坏，由肌理入肺腑，继而深入骨髓，严重威胁人民健康。

生态恢复，重现绿水青山

一本生态账，牵动众人心。

中央、省、娄底市及冷水江市高度关注锡矿山地区的生态环境治理，锡矿山地区成为全国 38 个重金属污染治理重点区域之一，被列入省“一号重点工程”湘江保护与治理五大重点实施区域之一。

省委、省政府主要领导多次到锡矿山调研指导，要求既要解决历史遗留问题，又要解决转型发展的问题。在生态环境保护上，一定要树立大局观、长远观、整体观，不能因小失大、顾此失彼、寅吃卯粮、急功近利，突出“还旧账”，实现系统治理与整体发展。

为了祛除百年沉疴、偿还生态环境“旧账”，冷水江市全力推进环境污染治理、独立工矿区改造搬迁、土地整理和地质恢复、矿山风貌改造、交通基础设施建设、植绿复绿、民生保障等环境综合治理工作，全面解决锡矿山区域水、大气、土壤、废渣、地质灾害等问题，养护一方净土，关住污水“闸门”，解除“心头大患”。

2018年以来，冷水江市将一本大“旧账”项目化，在锡矿山区域规划实施项目66个，已经完成62个。所有锑冶炼企业都建成了烟气脱硫设施和在线监控装置，涉重金属企业废气、废水100%得到有效治理。目前，锡矿山矿区共有14座污水处理站，日处理能力达2.95万吨。

2019年与2013年比，锡矿山区域内青丰河万民桥断面砷、锑平均浓度分别下降97.7%、76.9%；涟溪河民主桥断面砷稳定达标，锑平均浓度下降了85.1%。历史遗留的含重金属废渣7500万吨业已基本完成治理，零星固废将在2021年底全部治理到位。

这些年来，锡矿山立项五期“矿山复绿”示范工程、宝大兴搬迁避让区土地整理和生态恢复工程、锡矿山里华崩塌地质灾害治理工程等。目前，锡矿山地区已生态复绿4万亩，其中建成2万亩矿区复绿示范基地、1.1万亩抗污林。通过治理，锡矿山以前许多“不毛之地”披上新绿，恢复生机，红豆杉、柏木等抗污树种迎风摇曳。

为有牺牲多壮志，敢教日月换新天。众志成城治污染，不信绿色唤不回。随着锡矿山环境综合治理“渐入佳境”，山林里树苗茁壮成长，矿渣堆变成茵茵绿地，溪流里出现成群的鱼虾，土地上也种上了绿色蔬菜，一个个“矿山伤疤”变成为“绿色氧吧”，百年锑都焕发出新的绿色容颜和绿色希望。

锡矿山炭家湾治理前后变化图

转型升级，走绿色发展之路

冷水江的繁荣与衰落，展现出来的实际上都是一种经济现象。单一的产业产品结构，兴也是它，衰也是它。随着矿产资源的日渐枯竭，相应的产业衰落不可避免。因此，产业转型成为资源枯竭城市最现实的出路。

冷水江市贯彻绿色发展理念，污染治理、生态修复与绿色发展相结合，大力推进生态环保及锑品精深加工产业链建设。加速锑矿企业的技术改造和产业升级，推进锡矿山涉锑产业高新化、集约化和规模化发展。建立了“9999”锑、高纯锑白、硫化生锑、锑珠等深加工生产线，形成 6000 吨/年的生产规模，形成了绿色发展与高质量发展的相互促进新格局。

冷水江市高度重视产业的基础性作用，立足绿色转型发展，全力做好锡矿山区域转型发展文章，从采选到冶炼，从研发到深加工，再从富贵锑提炼生产黄金锭，形成了一条完整的采选冶加工产业链。这些年来，冷水江市先后 6 次对涉锑企业进行大规模专项整治，锑采矿权从 12 家整合为 2 家，锑冶炼企业从 91 家整合到 8 家，锡矿山地区的有色金属产业集群迈出了可喜的一步。

百年企业闪星锑业的转型发展就是一个生动的缩影。该企业退出锌化工产业过程中，共关闭淘汰产能 20 余万吨，还瞄准锑矿石中的贵重金属，投资建设锑冶炼黄金回收生产线，截至2021年5月底，已经累计生产99.99%金锭2.5吨，实现利润过亿元。

循环经济有一个理念，一切废弃物都只是放错地方的资源。那么，像冷水江锡矿山这样的地方，有哪些废弃物具有转化为资源的可能，又能够转化为什么样的资源，进而形成新的产业呢？

工业留下的创伤，有许多经过改造后成为留给后人的一种时代记忆，成为可以造福后人的独特的文化资源。锡矿山不仅是矿藏宝库，还是文化宝库。

而今，生态环境整治的绿色被赋予了新的文化内涵与美丽神采，绿色矿山的生态旅游和红色旅游成为新的产业，湿地公园、矿山草原、玫瑰爱琴海等景点，让游人感受体会百年矿山的兴衰与新的未来。尤其是，冷水江市瞄准百年锡矿山积累的工矿旅游业发展的独特资源，将生态治理修复与人文景观打造结合起来，探索富有特色的产业转型发展之路。

近几年来，这一思路形成了资源枯竭型城市产业转型发展的一种有效模式。通过科学规划设计，大力推进锡矿山工矿文化旅游，挖掘和开发工矿文化旅游资源，建设工矿旅游和红色教育基地，铺开工矿文化和生态旅游结合之路，显示出越来越美好的前景。

目前，已完成锑都文化广场、羊牯岭碉楼及游步道、烈士纪念碑、红军长征纪念碑等修建改造工程。往日的采矿巷道、红色遗迹，如今成了锡矿山工矿旅游的新景点，炭家湾、羊牯岭硐楼等成了游客的打卡圣地。锑都博物馆搬迁升级改造项目已完成馆外装修，正在进行锑都古巷等设施建设。

与此同时，全力推进山水林田湖草沙生态系统性保护修复工程，对锡矿山林地、耕地进行全方位修复，并结合当地独特的地质条件、地质现象和历史文化遗址，打造兼具一定生态观光、休闲功能的人与自然和谐相处的生态修复示范区和植物多样性宣传教育基地，让废山荒地变成充满新希望的绿水青山，变成充满新希望的金山银山。

世界锑都，百年矿山，已经焕发出新的生机和活力。

锡矿山治理后的蓝天白云

专家点评

资源枯竭型城市的转型发展都必须处理好难度颇大的矿山生态修复问题，如何让奄奄一息的土地再现生机，绝非易事。在这方面，冷水江锡矿山环境治理、生态修复的勇气、力度与成效，令人注目和称赞。在“还旧账”的同时，积极探索转型发展的新路，发展生态旅游，并将前人在追求发展道路上的行为凝聚成历史文化，发展工业矿山旅游，启示今人，造福后人。

久久为功　治污为民

——石门县雄黄矿区土壤污染苦尽甘来

要推进土壤污染防治，有效管控农用地和建设用地土壤污染风险。

——习近平 2021 年 4 月 30 日在中共中央政治局第二十九次集体学习上的讲话

踏入石门县白云镇雄黄矿区，蓝天白云下，山头青翠如黛，流水清澈见底，空气中弥漫着清新的青草味。难以想象的是，数年前，这里满目疮痍、寸草不生。

石门县地处湖南省常德市，为湘西极北之地，素有“潇湘北极”“湖南屋脊”之称。雄黄矿位于石门县白云镇境内，雄黄储量为世界之冠，已有1500多年开采史，是中国药用雄黄唯一产地。矿石除供中国使用外，还远销世界10多个国家和地区。雄黄在一定条件下可以转化为砒霜。砒霜虽有大毒，又为治病之需，自古为中药。另外，作为冶炼砷合金和制造半导体的原料，以及玻璃制作中的澄清剂和脱色剂等等，砒霜在现代工业中也有不可替代的作用。雄黄矿的开采，曾经为国家经济社会发展作出过重要贡献。

令人遗憾的是，长期的开采使矿区及矿区周边区域土壤严重污染，造成了可悲的生态灾难。党的十八大以来，在上级的指导支持下，石门县委、县政府深入学习贯彻习近平生态文明思想，高度重视雄黄矿区域重金属污染问题，果断决策，统筹推进污染治理、生态修复、经济发展，取得了喜人的成效。在2019年11月16日举行的中国生态文明论坛年会上，石门县成功入选国家生态文明建设示范市县。

矿区负重，伤痕累累

1950年，由湖南省原工业厅批准，在石门县白云镇内建起国有省属企业湖南雄黄矿，开采雄黄原矿。1956年开始冶炼砒霜，利用砒霜冶炼产生的尾气生产硫酸和过磷酸钙。“那时候雄黄矿名气大、效益好，奖金和工资加起来是其他地方的几倍。许多大学生、退伍军人还有外省的人削尖了脑袋都想进来。”老职工张贻春回忆，以前每到春节，矿里蔬菜、肉类等福利众多。

由于只顾着发展生产，原矿采选废水、制酸生产废水以及砒霜冶炼产生的含砷飘尘和二氧化硫未经处理直接排放，对周边空气、水以及土壤环境造成严重污染，重污染面积约 35 平方公里，极大影响了当地群众的生产生活。

2011 年，中国科学院地理科学与资源研究所对矿区污染严重的农田进行了专项调查，土壤砷含量平均值高达 92.87mg/kg，超标 2.1 倍。原雄黄矿矿井内含砷地下水长期外溢污染溪沟、河流、地表水和耕地，雄黄矿排口下游溪水样含砷量 14.217mg/L，超标 283 倍，化工厂排口（现填埋场位置）下游 100 米溪水样 12.279mg/L，超标 244 倍，附近山丘土壤本底值高达 1006.9mg/kg，超过管控值 5.7 倍，污染状况相当严重。

农业生产难以持续。 由于雄黄矿土壤砷本底值较高，加上大气砒灰飘尘污染和黄水溪的污灌，导致土壤遭受严重的砷污染，对周边环境造成了破坏。区域内群众失去收入来源。当地村民知道，自己种的菜、养的鸡不能吃，都含有超标的砷。现在，居民们买菜只会选择社区里的农贸市场。“这个市场是近 30 年才建立起来的，自从大家知道本地种植的蔬菜含砷后，专门建了这个市场，菜贩们每天从石门县城运送新鲜的蔬菜到这里来卖。只有他们的菜我们才敢吃。”一位村民介绍说。

居民健康受到侵害。 雄黄矿区周边居民健康严重受损，土壤污染导致粮食污染，水污染导致无净水可饮，饲料污染导致家养禽兽不能食用。据当地磺厂医院统计，从1971年到2013年1月，雄黄矿患砷中毒的职工中数百人已经去世，其中近三分之二的人死于癌症。

各类矛盾交织凸显。 由于雄黄矿区域生存条件恶劣，群众生活艰辛、诉求很多，各类信访问题频繁发生。2019年，石门信访局共受理投诉152件，主要是反映砷中毒人员及癌症患者生活、就业、医疗无保障等问题。2012年至2014年，共有1000多人次上访到常德、长沙和北京，严重影响了社会稳定。

治污疗毒，久久为功

2010年，石门县正式启动雄黄矿区综合治理工作，印发了《关于关闭雄黄化工有限责任公司石门雄黄矿业有限公司两家企业的通知》，两家涉砷企业于2010年底关闭，由此加速拉开了推进矿区的生态修复、民生改善和经济发展的大幕。

中央把防治土壤污染作为新时期环境保护的重要任务。2015年5月28日，国务院发布《土壤污染防治行动计划》，提出以改善土壤环境质量为核心，以保障农产品质量和人居环境安全为出发点，实施分类别、分用途、分阶段治理。针对石门县砷污染，时任国务院副总理张高丽两次作出重要批示。石门县坚决落实中央精神，做到组织、制度、调度、考核、经费“五个到位”。成立由县长任组长的雄黄矿污染治理领导小组，下设办公室，明确各单位的具体职责。制定工程人员管理制度、工程质量管理制度、工程监理制度、工程廉政建设制度，对工程人员、工程实施、工程质量实行全过程严格监管。项目实施实行日通报、周调度、月排名制度，一事一议、现场办公，切实解决问题。强化过程管理，对工程进度严格按计划实施管理和考核，每月一次排名，按排名奖优罚劣。大力争取国家支持，相继向国家申报了雄黄矿区历史遗留砒渣处理处置工程等五期及湖南石门典型区域污染土壤综合治理一期项目，争取国家资金 2 亿元。

为了提高科学治理水平，石门注重借用外力，与国内土壤污染治理顶尖技术协作单位协作。2012 年 11 月，中科院地理所、中科院南京所、湖南省环境监测总站、常德市环保局组成专家组开展全面调查研究，编制防治规划和治理方案。在科研院所的支持下，石门县编制了《雄黄矿区重金属污染综合防治“十二五”规划》《重点防控区（2015—2017 年）重金属污染治理实施方案》《典型区域土壤污染综合治理项目实施方案》《“十三五”原雄黄矿及周边地区现状评估及对策》等规划。

在中科院地理所指导下，采用植物萃取＋活化、植物萃取＋经济作物间作修复等技术，构建防控治相结合的土壤综合治理体系。污染土壤植物萃取技术利用特异植物对土壤重金属的超富集能力，从土壤中吸取一种或多种重金属，并将其转移到植物土地上部，将收获物集中安全处置去除土壤重金属，共修复污染农田土壤 1011 亩。通过探索，形成了《农用地土壤修复工程项目管理指南》《农用地重金属污染土壤植物萃取技术指南》《蜈蚣草育苗技术规范》等一套成熟的砷污染治理技术体系。

在推进污染治理的过程中，把解决矿区群众最紧迫的生产生活问题摆在突出位置。政府给农村居民确诊砷中毒患者一次性补偿 1000 元，癌症患者一次性补偿 1 万元，癌症患者每人每年救助 2000 元。落实企业关闭后职工养老保险、医疗保险、失业保险、工伤保险等方面的政策待遇，养老保险共参保 1386 人。将砷中毒引起的肺癌、皮肤癌、肝癌等恶性疾病纳入了特殊病种门诊补助范围，每年每例给予 1000 元的门诊治疗费补助，同时，可享受基本住院补偿。从 2016 年开始，落实雄黄矿污染区村（居）民新增砷中毒患者 877 人每人次 3000 元驱砷治疗费用。投入资金 1000 多万元，基本解决雄黄矿污染区域内 4 个村居近 4000 人的饮水难问题。实施易地搬迁，筹集资金 1.47 亿元在县城建设湘雄新苑小区，单独设立新星社区，整体搬迁雄黄矿区职工和家属 832 户。

发展生产，老矿新颜

石门县坚持统筹生态环境治理与经济社会发展，着力打造“宜居宜业”体系，通过改善基础设施、扩大本地就业、发展特色产业做强集体经济等方式，拓宽当地群众的收入来源。

将雄黄矿区的污染场地修复后，通过国家财政资金支持，地方配套土地资源，中科院地理资源所提供技术支撑，将污染场地综合治理后安全利用，共建了以土壤修复技术为核心的科技产业园区。通过技术服务、种苗销售、技术转让等方式，实现科技产业园自我造血功能。改良柑橘品种，构建蜈蚣草—柑橘间作修复模式，通过“边修复，边生产”的治理模式，提高柑橘产业效益。现正进行伦晚脐橙、大雅杂柑试种和种苗繁育工作，一旦条件成熟，将大面积推广，每亩每年收益1万元以上。

构建蜈蚣草-柑橘间作修复模式

土壤污染综合治理工程涉及家家户户生产生活，在工程实施前，依靠当地政府和村级班子，走访农户，科学制定方案。聘请当地德高望重退休村干部带队，入户登记调查核实修复土地面积，组织调配农村剩余劳动力进行土地翻耕、铺设防草布、移栽蜈蚣草等相关工作，为矿区周边群众提供了大量本地务工机会。据不完全统计，截至目前当地用工已达 44000 多个，务工收入达 460 多万元，当地农民因参与土壤修复工作，经济收益明显，对当地政府环境治理工作的满意度大幅提升。农民有了固定的收入，上访等活动大幅减少，在一定程度上也维护了社会的稳定。

切实考虑雄黄矿污染区域群众的发展困难，以处于污染核心的鹤山村和望羊桥社区为重点开展脱贫攻坚工作。2014 年以来，实施危房改造 150 户，补助金额 481.5 万元；易地搬迁 8 户，补助金额 123 万元；所有贫困人口分别享受了农村合作医疗减半优惠、健康扶贫、教育扶贫、金融扶贫、贷款入股分红等政策，年增收入 800 至 1600 元；投资 80.25 万元发展 200 亩伦晚脐橙、300 亩纽荷尔脐橙、500 亩核桃、600 亩油茶；投资 142.1 万元修建 16 间农贸市场门面；投资 60 万元建设 60 千瓦光伏电站；雄黄矿区污染治理项目租赁农户土地 1247 亩，增加群众收入 37.41 万元。

雄黄矿区污染综合治理项目效果显著，生态环境部多次到现场检查并给予高度肯定，成为全国土壤污染治理先行区标杆，中央电视台一套《美丽中国》纪录片、《中国环境报》等国家级主流媒体多次宣传推介。如今，经过系统化的综合治理，矿区生态明显恢复，呈现出山青水绿、树木成荫的景象。

雄黄矿区治理前后对比

专家点评

推进土壤污染防治是当务之急、国之大计。石门雄黄矿曾为国家经济社会发展作出了贡献，但由于忽视环境保护，对土壤、水、环境等造成了严重污染，给当地生态和人民群众造成了很大伤害。石门县委、县政府坚决贯彻党中央、国务院决策部署，科学谋划，扎实推进，久久为功，取得了修复雄黄矿区生态环境的较好成效，受到中央有关部门的肯定和人民的认可。吸取过去粗放式发展的教训，总结土壤修复中的经验，对于今后坚持生态优先、绿色发展，自觉贯彻习近平生态文明思想，是有启迪意义的。

脱下污染服　换上新行装

——株洲市清水塘老工业区的凤凰涅槃

要给子孙后代留下天蓝、地绿、水净的美好家园。

——习近平2021年1月11日在省部级主要领导干部学习贯彻党的十九届五中全会精神专题研讨班上的讲话

清水塘地处湘江之畔、绿心之边，是株洲山南水北的“风水宝地”。这块“宝地”，新中国成立初期就被国家“相中”，选址为重点工业基地。后来事实证明，她不但给国家工业带来无限荣光，也给株洲带来“市运昌隆”，迅速崛起为家喻户晓的移民新城。作为国家“一五”“二五”期间重点布局的老工业基地，清水塘以龙头企业为核心，形成以冶炼、化工、建材为主体的三大支柱产业，发展高峰期年产值达256亿元，占全市工业总产值比重达30%，近60年来累计上缴国家利税480多亿元。

然而，由于长期粗放式发展，清水塘地区基础设施老化、落后产能集中、环境污染问题十分突出，株洲因此曾在2003年、2004年连续两年被环保部列为“全国十大空气严重污染城市”。清水塘老工业区作为株洲最大的污染源，“三废”排放量曾一度占全市的2/3，其中工业废水的排放量最高年份近2000万吨，占全市总量的近30%，化学需氧量排放占46.2%，二氧化硫排放占64.6%，重金属污染排放占90%。

曾经的清水塘工业区

一个地方、一座城市如果长期抬头看不到蓝天，低头看不到绿地，人民群众有何幸福感可言呢？

对此，株洲市委、市政府深感痛心，痛定思痛后作出了一个艰难的战略性、历史性决定：全面关停搬迁清水塘老工业区，宁舍金山银山要护绿水青山。清水塘老工业区搬迁改造成为了株洲近几年重大战略工程，经过搬迁改造、发展绿色产业、建设生态宜居新城，株洲发生了脱胎换骨之变，昔日工业老区已换上新颜。

以壮士断腕的勇气实施搬迁改造

曾经，这座老工业园区内烟囱林立、厂房鳞次栉比，是株洲市经济繁荣、高速发展的一个缩影。规模最大时清水塘曾汇集了261家央企、上市公司、民企等各种类型的化工企业。清水塘老工业基地地处城区，环境容量极为有限，大规模企业汇集的产业优势逐步成为牵掣发展、制造污染的源头。

但关停搬迁又谈何容易？意味着株洲市要舍弃200多个亿的GDP，意味着生于斯长于斯的几百家企业要搬迁，这些企业的很多员工将面临下岗转业，意味着株洲人要亲自关闭曾经亲手建起的辉煌。有退休职工冲到厂里兴师问罪：“当年我们从五湖四海聚到一起，挥洒青春，用双手和肩膀把厂子建起来，到了你们手里，却一关了之？”

情绪服从理智、眼前服从长远、局部服从整体，从市里到区里，从机关到企业，从老总到员工，都在做着选择。株洲市以“壮士断腕”的气魄和勇气，选择了“取大义而舍小利”，选择重新开辟一条绿色生态的发展道路，还清水塘真正的碧水清波。

决心下定后迅速行动起来，艰难的搬迁工程启动了，株洲市 200 多名党员干部常驻一线、挂图作战，按照先小后大、由易到难顺序，实施工程浩大的搬迁任务。

在搬迁工程中，集思广益、综合施策，有效解决了资金缺口大、企业关停难、搬迁选址难、职工安置难等难题，圆满完成企业全面搬迁关停任务，特别是包括中国企业 500 强株洲冶炼厂在内的 261 家企业全部关停，从根本上解决了污染源。尤其是 6 家年能耗万吨以上的高耗能企业的关停，为污染物减排工作带来巨大助力。株洲冶炼集团二氧化硫年减排 1.25 万吨，湖南柳化桂成化工二氧化氮年减排 3960.87 吨，株洲旗滨集团二氧化硫年减排 1273 吨、二氧化氮减排 1457 吨。清水塘老工业区用“伤筋动骨”换得“脱胎换骨”，以生态环境高水平保护推动经济高质量发展。

到 2020 年底，关停企业通过搬迁改造继续生产的有 61 家，3 万职工、3 万居民得到妥善安置，投资 100 亿的棚户区改造让 3 万多名清水塘居民搬进了敞亮的新居。

清水塘老工业区搬迁后治理面临诸多困难，比如历史欠账多、治理难度大、投入严重不足、资金筹措难等等。关闭重化工企业带来的经济发展短期阵痛，激发了政府斗志，要集中精力治理污染，让清水塘开好局、起好步，扬帆再出发。

清水塘老工业区拆迁现场

利用杠杆贷款方式和国家、省里支持以及自力更生，开启污染治理。通过几年的努力，完成了大湖、霞湾港、清水塘重金属污水处理厂等 7 大重金属污染治理项目，落实了全国首个污染土地修复及再开发世界银行贷款项目，随着 2 平方公里的土壤修复工程完成，清水塘片区成功退出重金属污染重点防控区。

清波漪漪，微风习习。承载了苦难与辉煌的光荣土地，而今迎来了凤凰涅槃。当一根根钢管被卸下，一台台设备被拆除，阳光透过屋顶，焊点青烟升腾，每个行走在清水塘地区的市民真切感受到：一个老工业基地绿色发展的铿锵步伐、优美转型的曼妙身姿、城市前行的巨大魅力。

以开拓创新的思维发展绿色产业

2018 年 12 月 30 日，随着株冶在清水塘地区的最后一座运行中的冶炼炉——基夫赛特炉正式熄火关停，一座工业重镇亟须谋划新生。实践证明，清水塘老工业基地长期沿袭“高消耗、高排放、高污染”粗放型发展模式已走到了尽头，为实现高质量发展，只有坚持生态优先，走绿色发展道路。由此，清水塘老工业区以开拓创新的思维开始了探索之路。

协同创新，驱动绿色产业发展。 通过联合开展科技攻关、共同建立研发平台、联合培养创新人才、构建产业技术创新战略联盟等方式，全面推进产学研深度融合，形成了与清华大学、中南大学、湖南大学等 15 所高校的共建模式。以创新为主动力，构建由轨道交通、汽车、航空三大优势产业，新能源、新材料、电子信息、生物医药、节能环保五大新兴产业，陶瓷、服饰两大传统产业等构成的现代产业体系。通过联合、共建、构建新兴产业等方式，奏响了绿色产业发展的新乐章。

精准招商，引领绿色产业发展。 以提高门槛精准招商代替“一揽子”招商，把高科技含量、高附加值、低能耗、低污染项目作为招商首选，对高污染、高能耗、资源型的“两高一资”项目坚决说“不”。近年来，一口气将不符合产业发展定位的近 30 个招商大项目拒之门外。

一舍一得之间，舍弃的是高耗能、高污染的隐患，换来的是工业发展的绿色转型“轻装上阵”。精准招商，为绿色产业发展发挥了很好的导向作用。

强链延链，巩固绿色产业发展。积极聚焦多个绿色、新兴优势产业链条，实施链长责任制，绘制产业链条全景图，明确强链、补链、延链重点环节，精心培育与动力产业高度配套的电子信息、新材料、新能源、节能环保、生物医药与食品等产业集群。

阿里巴巴株洲产业带、湖南微软创新中心、中国移动（湖南株洲）数据中心、中航动力航空零部件制造、“两机”专项等一大批战略性新兴产业大项目在株洲落地生根、开花结果。其中，电子信息产业聚集 50 多家上下游企业，原来的 4 个传统支柱产业有 3 个已被新兴产业取代，为株洲迅速培育新的经济增长点，赢得未来先机，为巩固绿色产业发展建筑起一条护城河。

以新发展理念建设生态宜居新城

十年建成新城，这是清水塘老工业区搬迁改造展开时描绘的新蓝图。在关停企业的同时，新城的道路、跨江桥梁、湿地公园等基础设施建设也在有序推进，以新发展理念把清水塘打造成为创新活力之城、文化魅力之城、生态宜居之城。现如今，清水塘正在变成世人喜欢的模样，产业层次由低变高，生态环境由灰变绿，城市功能由弱变强，城市面貌由旧变新。

统筹推进新城建设。“清水塘生态科技新城，决不搞碎片化开发。”清水塘投资集团负责人表示，按照“整体投资、整体开发、整体见效”的模式，将清水塘老工业区 15.38 平方公里核心区中的 11.45 平方公里拿出来招商，引进有实力的战略投资者，合作开发建设生态科技新城。2018 年 12 月 6 日，株洲市政府通过 PPP 模式，引进 80.8 亿元的社会资本参与生态科技新城建设。

根据最新规划，清水塘生态新城定位为“三桥七路”株洲新门户。三桥从东往西分别指：石峰大桥、清水塘大桥、动力谷大桥。环保大道、疏港大道和铜塘湾保税物流中心建成使用，已启动“一桥六路”，将拉开新城框架、搭建新城骨架、提升新城承载力。

到 2020 年底，清水塘生态城市建设快速推进，商住高楼拔地而起，与株洲主城区及长沙、湘潭互联互通的主干路网得到完善。肩负打造成为长株潭融城核心重要使命的清水塘，正不断刷新着城市的面貌。

清水塘生态科技新城

着力打造城市新地标。 过去，株洲人对清水塘印象不佳，感觉环境不好。清水塘城市公园及滨江风光带的建设，颠覆了人们既有成见。

清水塘城市公园占地总面积 90.1 公顷，分为核心区、滨江区、霞湾港区 3 个部分，现已成为株洲标志性公园。核心区作为重要的窗口名片，贯通的环湖慢行道串联各景点，对内体验最美湖景，对外联络周边产业园，让景观与产业园融为一体；滨江区通过便捷的交通和林下活动场地，以多样的植物、丰富的空间变化打造宜人的滨水环境；霞湾港区以霞湾港水系为核心，打造自然、野趣的生态休闲走廊，贴合现有水系，尊重现状，串联各地块，贴近自然，满足游人亲水需求，将河道打造成兼具游憩功能的生态廊道。

滨江风光带、霞湾港生态景观带的建设也在提速，将共同组成株洲城市绿肺的新地标，成为株洲未来生态宜居的城市名片。

治理后的清水塘石峰山下湘江段天蓝水清

黑色消退绿色满城，清水塘重新涂抹发展的新底色。空气综合指数实现“连年降”，天变蓝了；水质持续保持或优于国家Ⅱ类标准，水变清了；累计新增造林面积 90.33 万亩，全市森林覆盖率达 62.11%，地变绿了。一个老工业基地正转型成为生态宜居宜业宜游新城。

专家点评

明者因时而变，智者随地而制。充满着无限荣耀的清水塘老工业区，随着粗放的发展走入了困境，其搬迁改造是历史的必然，它已上升为国家战略，是湖南省湘江治理一号工程的重要组成部分。株洲人以壮士断腕的勇气实施搬迁改造，以敢教日月换新天的精神建设生态新城，翻开了清水塘新的一页，变的是发展方式，不变的还是“敢创敢干”的清水塘精神。

22个“矿业疮疤”的愈合新生

——益阳市重拳整治石煤矿山污染

要从生态系统整体性和长江流域系统性着眼，统筹山水林田湖草等生态要素，实施好生态修复和环境保护工程。

——习近平2018年4月26日在深入推动长江经济带发展座谈会上的讲话

走进益阳市赫山区的宏安矿区，目光之所及，群山披绿裳，山脚草地生气勃勃，山坡灌木郁郁葱葱，山顶树木傲然挺立，很难想象这里几年之前还是满目疮痍的采矿区。

我国是世界上少数几个拥有石煤资源的国家之一，其中益阳市石煤资源优势明显，具有埋藏浅、分布广、易开采、污染高的特点，开采历史可追溯到明清时期。石煤矿给老百姓带来了财富，但由于野蛮开采，破坏了生态环境，造成了严重污染，当地人民深受其害。

近三年来，益阳市狠抓生态系统保护和突出问题整改，坚持精准治污、科学治污、依法治污，蹚出了一条生态环境保护与经济发展“共生共赢”的新路子。如今，益阳的山更青了、水更绿了、土壤更净了、空气更清了，人民群众的满意度显著提升。

“矿业疮疤”，由来已久

根据调查，益阳共有 22 家具有采矿权的石煤矿山，还有大量历史遗留废弃石煤矿山，仅桃江县废弃的大小石煤开采点就有 127 个，分布在 27 个废弃石煤矿区当中。长期极其原始粗疏的开采方式导致山体千疮百孔，含锌、镍、镉等重金属元素的废水排放更是污染了良田和沟渠，严重破坏了周边生态环境，给村民们带来了巨大的灾难，即使关停后矿山废水污染问题也未得到根治。

宏安矿业的污染就是益阳众多矿区污染的一个缩影。宏安矿业于 2011 年投产，粗放开采导致山体千疮百孔，山下凿出了两个数十米深的大矿坑，废水中镉、镍等重金属排放污染良田、沟渠。“整面山一片漆黑，裸露的石煤自燃，烟尘漫天，就像一座火焰山。”周边一位村民回忆说，2017 年腊月，一个矿坑垮塌，锈红色的水涌过一家农户的农田，造成严重污染。

2018 年 10 月 30 日，中央第四生态环境保护督察组进驻湖南，发现益阳市石煤矿山环境污染和生态破坏问题十分突出，威胁洞庭湖及长江生态环境安全。特别指出了宏安矿业存在的问题：一是批小建大，批复年产 10 万吨，但实际产能为 20 万吨，批建不符；二是违法偷排，超标排放矿山废水，将周边被污染田地及两处废水收集池直接用黄土掩埋，两处废水收集池中黄土渗出液总镉浓度分别超过《煤炭工业污染物排放标准》（GB 20426—2006）排放限值 27.6 倍、73.2 倍；三是污染面广，废水收集池附近溪流水总镉浓度超过地表水Ⅲ类标准 75 倍，对地下水及周边环境构成严重威胁。

2018 年，宏安矿业相继被中央环保督察组、《长江经济带生态环境警示片》“点名”，引起了各级党委、政府的高度重视。益阳市委、市政府下决心狠抓问题整改，矿山治理修复工程大刀阔斧地拉开了帷幕。

刮骨疗伤，修复疤痕

在治理宏安矿业问题的同时，益阳市委、市政府举一反三，将全市 22 个石煤矿全部纳入整治范围。

果断决策，强力推进。 石煤矿山的整治是一项民生工程，必须抓紧抓实抓出成效。益阳强化组织领导，成立由市委书记、市长任双组长，市四大家相关领导任副组长的石煤矿山治理工作领导小组，加强对全市石煤矿山关闭治理工作的领导、协调和监督检查；各区县市党政主要负责人亲自抓，定期召开石煤矿山整治的调度会。坚持规划先行，由市政府牵头，将矿山治理与美丽乡村、城乡一体化、生态之城等建设结合起来、统筹推进，明确石煤矿山整改的责任人、时间表、路线图，做到“一张蓝图干到底”。在财政极其困难的条件下，市县两级政府负重奋进，投入5.7亿元资金进行矿山整治。各级各部门特别是矿山整治所在镇、村积极作为，配合矿山治理，优化施工环境。

一矿一策，科学整治。 对2017年以后经多轮整治仍保留的22家石煤矿山进行了全面摸底调查，对污水处理基础设施不完善、废水排放不达标、破坏生态等问题逐一建立问题台账，为科学整治提供依据。市委、市政府坚持以问题为导向，建立政府引导、财政扶持、政策保障、社会参与的工作模式，强化属地责任担当，积极探索解决路径。实施“一矿一策”精准整治，聘请有资质的技术咨询单位，编制石煤矿山场地调查报告、实施方案、矿山地质环境综合防治方案、土地复垦方案等。各整治项目均按照《益阳市石煤矿山整治验收管理办法》的要求开展整治验收，坚决杜绝“表面整改”“虚假整改”“敷衍整改”。

铁腕执法，严格追责。 对石煤矿山监管中发现的各种违法违规行为进行严厉查处，市纪委监委先后查办了宏安矿业、东方矿业等企业环保违法犯罪案件，共追责市、区两级公职人员 61 名，对其负责人以涉嫌严重污染环境罪移送公安。市委督查室会同市纪委、市委组织部、市政府督查室、市生态环境局、市自然资源和规划局、市林业局、市发改委（市长江办）等单位每月开展一次督查，指出整治中存在的问题，严格督促整改，督促各区县（市）切实加强整改。不断强化现场监管，积极协调项目单位、施工单位、监理单位和各监管单位，强力推进项目施工，加快施工进度，做好雨水天气的安全防护，防止二次污染和安全事故的发生。

技术支撑，精准施策。 经过采坑水治理，污染水库水体可以达标排放，恢复生态功能。治理后的矿区可合理开发利用和可耕种面积增大，经济效益显著提高。通过坑内回填、利用团粒喷播工艺覆土复绿、修建自排水渠，消除坑底裸露石煤层污染，恢复生态环境，增加了周边居民耕种面积；采用植被混凝土复绿，基本消除采壁裸露石煤层污染和地灾隐患；废石堆回填后对原弃置场进行覆土复绿，基本消除淋滤水污染，同时消除了长期治理淋滤水污染风险和治理成本。

在治理过程中，22 个石煤矿山累计处理废水 562.4 万立方米、处置废渣 355.5 万立方米，完成挂网喷浆面积 24.9 万平方米，覆土复绿面积 121.1 万平方米，废水、废渣、挂网喷浆和覆土复绿完成率均为 100%。经过三年的努力，周边重金属污染风险得到有效管控，得到了中央环保督察办、国家长江办、生态环境部水司、省委领导、华南环境督查局的充分肯定。曾经一个个的“矿业疮疤”变身为“矿山公园”，其中宏安石煤矿整治成效在2019年《长江经济带生态环境警示片》中得到肯定。

凤凰涅槃，绿色蝶变

2021年1月10日，湖南省益阳市政协六届五次会议委员报到处，市政协委员汪翔带来了一份特殊的礼物——一瓶从赫山区泥江口镇宏安矿业采矿区周围随意采集的矿泉水。汪翔说：“宏安矿业未整治前，废水中所含的镉、锌、镍等重金属超标了数十倍，当地村民深受其害。如今经过环境整治，水体变得十分清澈，水质得到了极大改善。”这份特殊的礼物展现了干部们对生态回归的信心，印证了可持续发展道路的科学性和必然性。

宏安矿区关闭后，曾经在宏安矿业负责污水处理工作的村民张长庚参与了生态治理工作，他全程见证了矿区翻天覆地的变化。他激动地对我们说：“村中集体成立了合作社，把矿区周边经过治理、修复的两百多亩的土地全部流转利用起来，在领导干部的带领下积极垦田，种植新的农作物艾叶，整治行动改变了我们的生活，同时给下一代带来了希望。”

在具体实施过程中，益阳市坚决践行“绿水青山就是金山银山”的生态理念，将矿山治理与生态修复、复垦造田相结合，宜农则农、宜林则林，在治理矿区环境的同时，大力发展循环经济，带动农民增收，使得昔日的“矿业疮疤”，不仅变身为“矿山公园”，更变成老百姓的“金山银山”。

益阳市生态环境局赫山分局刘立局长介绍，如今，赫山区对被污染的农田进行了换客土治理，并引导群众种植了艾叶等经济作物；安化县槎溪生态区过去溪流水质浑浊，如今两岸茶香四溢、青翠芽苗迎风舒展，周边溪流成群的鱼虾再现；桃江县松木塘镇曾经光秃秃、黑乎乎的废弃矿山，如今已是笋竹产业的“根据地”……

“生态保护和经济发展不是对立的，而是相辅相成、相得益彰的。”益阳市委领导说，益阳坚持以推进中央环保督察整改倒逼经济高质量发展，在落后产能上做“减法”，在产业改造升级上做“加法”，不断提升经济发展的“绿色含量”。下一步，益阳将结合绿色矿山建设，继续抓好生产矿山的地质环境保护和恢复治理工作，针对全市所有矿山企业采取“边开采、边治理”方针，实施事前、事中、事后全方位监管，促进绿水青山永续发展。

从蚕食青山绿水，到修复生态环境，益阳从坚硬粗黑的矿石经济中蹚出了一条生态环境保护与经济发展“共生共赢”的转型、绿色、高质量发展新路子，擦亮了“益山益水、益美益阳”生态品牌。他们的做法值得借鉴。

治理前的宏安矿业

生态修复后的宏安矿业

2019 年底宏安矿业生态恢复，变成了生态环境教育警示基地

专家点评

益阳素有“有色金属之乡”之称，石煤资源储量丰富，开采历史可追溯明清时期，易开采、历史久、污染强是过去益阳矿业的鲜明特点。多年粗放式开采，造成环境破坏、污染严重，经过精准、科学、依法整治，过去的“矿业疮疤”蝶变为“矿山公园”“金山银山”。“生态环境教育警示基地”的石碑也在时刻提醒着人们，生态优先、绿色发展，才是高质量发展的唯一正确路径。

一场生态文明建设的“补考”

——新宁县全面实施十大生态修复工程

把保持山水生态的原真性和完整性作为一项重要工作，深入推进生态修复和环境污染治理，杜绝滥采乱挖，推动流域生态环境持续改善、生态系统持续优化、整体功能持续提升。

——习近平 2021 年 4 月 25 日至 27 日在广西考察时的讲话

“雪衣雪发青玉嘴，群捕鱼儿溪影中。

惊飞远映碧山去，一树梨花落晚风。”

仲秋时节，矗立在新宁崀山的母亲河夫夷江岸上，青山耸立，绿水缓流。久违的白鹭回来了，他们时而在河岸两边的田垄里飞来飞去，嬉水觅食，时而在空中盘旋，栖身树顶，像满树的梨花在晚风中飞荡……碧水长天之间，好一幅人与自然和谐共生的胜景，像极了唐代杜牧诗作《鹭鸶》中描写的情景。

“夫夷江彻底变了，水清了，岸绿了，鱼也多起来了，沿河两岸变得漂亮了，我们在这里生活有了满满的幸福感。”一位和我们一样漫步在河边的老伯，向我们道出了当地百姓真实的感受。

夫夷水汇百溪自南向北注入桃花湖，构成一幅幅天然迷人的山水画

在习近平生态文明思想指引下，新宁县坚持“生态优先”发展战略，大力实施生态修复十大工程，经历了一场艰难的生态文明“补考”。而今，这场补考，在60多万新宁人民的心目中，应该是合格的。

一道横亘眼前的生态环境难题

提起新宁，人们自然会想到“五岭皆炎热，宜人独新宁”之美誉，想到山水地貌得天独厚的世界自然遗产——中国丹霞·崀山。

其实，守护青山绿水，对新宁来说，并非一帆风顺，更非一蹴而就。

曾几何时，受高强度的国土开发、矿产开发影响，这里的生态系统破损退化严重。

新宁县河流众多，水系发达，小河溪水涧沟联网。可是随着过度的开发，地下水位下降，河道、水库、山塘淤积情况严重，上万口山塘、水井废弃干涸，数千条水圳渠道毁损闲置，农田蓄水、水库调蓄水能力不断减弱，遇水就涝、逢旱便干的现象频繁发生……

锑矿，是新宁县主要矿产资源，早在清末就有大量开采的记录。由于长期无序开采，矿区遗留下大量废弃矿洞和采选废渣。洄水湾片区、五里山片区、龙口片区遗留的采选废渣，对周围的土壤、水体造成严重的污染，严重威胁资江流域水质安全。新宁县资江流域锑污染问题，进入 2017 年中央环保督察组反馈督查名单里！

一幅幅令人焦急的画面，一个个紧迫现实的问题。

新宁县委、县政府认识到：要扭转这一局面，必须把生态修复这场考试补上，攻克一个个现实的环境难题，重建和恢复良好的生态系统，保持山水生态的原真性和完整性，才能实现人与自然和谐共生，生态与经济协调发展。否则，无法向新宁人民和子孙后代交代。

一张覆盖全域的生态文明考卷

生态环境问题，是一个复杂的系统问题。生态修复工程，是一个复杂的系统工程。

新宁县从一开始，就没有在星星点点上做文章，而是把生态修复纳入生态文明创建工作的核心任务来抓，在系统谋划、科学规划的基础上整体推进。

在充分调研的基础上，新宁县委、县政府出台了生态修复五年行动计划，坚持生态保护与生态修复并重，自然恢复与人工修复同行，以解决突出问题为导向，大力实施十大工程，着力解决水土流失严重、河塘水库设施维护缺失、农田蓄水能力减弱、农村生活污染严重、矿区污染治理等环境问题。

据新宁县政府负责人介绍，该县实施的生态修复十大工程中，包括水库和骨干山塘除险加固，解决衡邵干旱走廊乡镇缺水问题的水源修复工程；水渠防渗加固、河坝整治、泵站改造，实现骨干水源与灌区基础设施贯通的灌溉体系和基本农田修复工程；以“四水治理”夫夷水项目为重点的河流整治工程；推进水土保持项目建设的水土流失治理工程。

与此同时，实施畜禽废弃物资源化综合利用、推进标准化规模养殖示范创建的绿色发展先行先试工程；推进农村户用厕所改造、实施农村生活垃圾污水无害化处理和再生资源回收利用的农村环境整治工程。

新宁是林区大县，该县把林地、草山修复工程摆到了重要位置。修复国省干道两旁及夫夷水系两岸生态廊道第一层山脊可视范围内的林地，进行残次林修复和林中空地补绿，大力开展造林绿化。实施黄金牧场草山草坡修复工程，在不破坏原有植被的前提下，补播适应当地自然条件的优良草种，达到迅速提高植被覆盖度、增加产草量、改善品质的目的。

针对矿区“伤疤”治理，实施矿山地质修复工程，对政府强制关闭的矿山、自行废止关闭的矿山和历史遗留非法采矿区，分类施策，逐一修复；抓好绿色矿山建设，严格控制山砂采挖，坚决完成资江流域锑超标风险管控项目治理。同步开展石漠化治理工程，把石漠化治理与退耕还林、水土保持等生态工程有机结合，实施山水林田草路综合治理。

不难看出，新宁的这场生态修复“补考”，给出的是一张立足现实、面向未来、科学规划、覆盖全域的生态文明考卷。

为了完成这张考卷，新宁县构建了党委领导、政府负责、环保统筹、部门协作、全社会参与生态文明建设工作格局。出台了《生态创建工作考核奖惩办法》《党政领导干部生态环境损害责任追究办法实施细则》等系列文件。从 2019 年开始，把对各级各部门的生态文明考核权重提高到 21.5％。其推动力度可见一斑。

兵马未动，粮草先行。该县建立常态化的财政资金投入机制，每年按照不低于 70％的比例，整合各级各部门涉及农业生态修复的财政专项资金，集中投放使用。截至2020年底，先后投入资金14.5亿元，生态修复十大工程全面推进，实现了重点区域生态环境明显改善。

一场久久为功的全民生态补考

新宁县坚持政策制度护航，持之以恒推进，发动全民参与，把生态修复这张考卷，做得更深入、更细致、更圆满，努力向着青山常在、绿水长流、蓝天永驻的美丽新宁快步迈进。

政策制度护航绿水青山。 坚持规划引领。早在2014年，新宁县就编制了《新宁县生态建设规划（2013—2023年）》，2017年重新制定了《新宁县创建国家生态文明建设示范县实施方案》，2019年完成了《湖南省邵阳市新宁县生态文明建设示范县规划（2019—2025年）》修编，2020年编制了《邵阳市新宁县农村生活污水治理专项规划（2020—2030年）》。

环境就是民生，绿色就是希望。新宁县坚持以绿化为重点的生态修复，严格实施森林禁伐减伐三年行动，实施长江防护林工程、退耕还林工程、国家重点公益林保护工程。划定生态保护红线926.43平方公里，占国土面积的33.68%。植树造林3.7万亩，林草覆盖率达69.63%。

开展“碧水、蓝天、净土”三大行动，环境空气质量优良率达94.8%，国控窖市断面、省控金家坝、宛家岔断面水质稳定达到地表水Ⅱ类标准。

严格执行环境影响评价制度，将环境保护从“末端治理”

变为“源头控制”。严格执行生态环境保护责任追究制度。借助中央环保巡查契机，对黏土砖厂、采石场、畜禽养殖场等污染企业实施强力整治。

全民参与共建绿色家园。 一边是政策制度推动，一边是群众自觉参与。新宁持续开展环保宣传进学校、进社区、进企业、进机关、进农村的“环保五进”宣传活动，培植生态文化，推广绿色生活，推动全民参与。

新宁县成立了湖南省第一个环保民间组织——新宁县环境保护志愿者协会。该县环保志愿者利用新宁县报，持续举办《环保讲座》230多期，开展环保教学700多堂，听课人数逾20万人次；开展各项环保活动400多场次，参与志愿者逾2万人次。“净滩100米，河道保洁活动”“保护夫夷母亲河，环保志愿者在行动”等活动让环保理念更加深入人心。

生态修复扮靓美丽新宁。 水土修复治理方面，完成小一型水库治理12座，小二型水库治理98座，修复山塘86口，增加有效灌溉面积3万亩，改良土壤3.2万亩。完成崀山镇水溪等保护圈项目7个，实施黄龙镇、金石镇、水庙镇、回龙镇生态清洁型小流域治理工程和麻林、黄金崩岗治理工程，治理水土流失面积32平方公里。

水源修复与河流治理方面，全面推进“河长制”，整治遗留沙石码头24处、“僵尸船”159艘，取缔非法采沙场10处，收缴非法电鱼设备98台。全县33座水库共33万平方米退养到位，建设“样板河”23条。新宁县的河长制工作经验在邵阳全市推介。

水源修复工程，水库和骨干山塘除险加固

矿山治理方面，31 个矿山分三年全部按照绿色矿山的标准整改到位。启动矿山生态修复工程 23 个。洄水湾片区、五里山片区、龙口片区等 3 个列入中央环保督察组反馈名单的重金属污染风险管控项目，投入资金 3700 多万元，处理废渣近 40 万立方米，生态恢复面积 5.4 万平方米，全部完成整改验收。

一组组看似枯燥的数字，隐含的是新宁县咬紧牙关、锲而不舍、久久为功的战略定力，呈现的是水变得越来越清、空气变得越来越好、环境变得越来越美的现实图景。

一份利在当下赢在未来的满意答卷

一河清水缓缓流淌，平整的坡岸，树木斜出伸向水面，远处金黄色的稻子、金灿灿的脐橙，近前拂水的杨柳、闲漫的人群，小鱼间或跃出水面……一幅醉美的秋日画卷徐徐展开。

这是经过一年多精心打造的黄龙镇齐心河“样板河”，呈现“河畅、水清、岸绿、景美、产旺”的生态风貌。而今，这样的图景，已经随处可见。

宛延、清澈的夫夷江景色多姿，风光如画

“新宁生态环境这几年得到较大改善，县城空气质量达到国家二类环境功能区质量标准，农村环境空气质量达到一类环境功能区质量标准，水质达标率为100%。”邵阳市生态环境局新宁分局负责人高兴地告诉我们。

2020年，新宁县地表水、集中式饮用水水源地水质达标率100%，环境空气质量优良天数347天，优良率94.8%，未发生一起重大突发性生态环境污染事件。全县人民对生态文明建设的满意率达 97%。

生态修复改变生态环境，生态产业引领绿色发展。

在“百里脐橙连崀山”发展理念的指导下，新宁县做好脐橙和崀山生态旅游融合发展文章，脐橙种植面积达 46 万亩，产值近 30 亿元，崀山脐橙入选中国果业柑橘区域公用品牌 10 强，“崀山脐橙”品牌效益不断彰显。

国家全域旅游示范区创建落户新宁，“双创”工作喜获丰收，成功创建全国旅游标准化示范县，崀山成功摘取国家 5A 级旅游景区金字招牌，“崀山”被认定为中国驰名商标。2020 年全县接待游客 862 万人次，旅游收入稳步增长。

新宁县积极开展美丽乡村、秀美村庄建设，成功创建崀山、黄龙等 10 个省级生态乡镇，回龙镇杨桥村、高桥镇老渡村等 9 个省级生态村和崀山联合村等 72 个市级生态村。

功夫不负有心人。新宁相继获得或被纳入全国重点生态功能区、全国绿化模范县、国家水土保持生态文明县、国家珍贵树种培育示范县、全国保护森林和野生动植物资源先进单位。

2020 年 11 月 30 日，生态环境部对第四批国家生态文明建设示范市县进行表彰授牌。新宁县位列其中。

荣誉只能代表过去。新宁县的决策者告诉我们：新宁的生态修复，仅仅是完成了一场生态文明建设的“补考”。生态优先、绿色发展之路要久久为功，不能毕其功于一役，要有“抓铁有痕、踏石留印”的意志和“行百里路半九十”的清醒，一年接着一年干，一张蓝图干到底。

专家点评

经历改革开放40多年，我国已经进入高质量发展阶段。但是，过去以牺牲自然生态环境追求经济增长而导致的生态欠账问题，在各地都不同程度地存在。新宁县紧紧围绕生态环境突出问题，坚持统筹规划，政府主导，全民参与，把实施生态修复工程贯穿到生态文明建设的全过程，完成了一场利在当下、赢在未来的生态文明“补考”任务，交出了一份人民满意的答卷，值得各地学习和借鉴。

发展绿色经济

打好“四张牌”　造就“健美城”

——常德市海绵城市建设的探索与启示

在提升城市排水系统时要优先考虑把有限的雨水留下来，优先考虑更多利用自然力量排水，建设自然积存、自然渗透、自然净化的“海绵城市”。

——习近平 2013 年 12 月 12 日在中央城镇化工作会议上的讲话

柳叶湖碧波荡漾，穿紫河水流潺潺，街头公园水清景秀……新时代的常德，从湖泊水系到公园绿地、从城市主干路到街头巷尾、从公建区到社区，城市的每一个角落都因为海绵城市建设向着美丽舒适、生机盎然变化。

常德是一座典型的南方丰水城市，湖、河、塘、池星罗棋布，年平均降水量超过 1360 毫米。20 世纪 80 年代以来，由于城市化加快推进中忽视生态环境保护，开发强度高，硬质铺装多，雨水调蓄渗滞能力减弱，“大雨大涝，小雨小涝，没雨干旱”现象常态化，工业废水、生活污水直排进入湖河塘池，水体浑浊发臭，水面蓝藻泛滥。涝旱污臭水患问题成为市民的“心头之痛”和常德的“城市之殇”。

如何解决这一“痛”“殇”，常德市委、市政府和常德人民在探索。美国、德国、澳大利亚、日本等国家是较早开始研究雨水管理的国家，中国学界也对城市雨水治理较早进行探索，提出了“海绵城市”的理念。何谓“海绵城市”？这是新一代城市雨洪管理概念，即城市能够像海绵一样，在适应环境变化和应对雨水带来的自然灾害等方面具有良好的弹性，也可称之为“水弹性城市”。2012 年 4 月，在《2012 低碳城市与区域发展科技论坛》中，“海绵城市”概念首次提出。2013 年 12 月，习近平总书记在中央城镇化工作会议上提出“建设自然积存、自然渗透、自然净化的海绵城市”。常德市委、市政府敏锐地看到这一城市雨水治理的新路径，积极贯彻习近平总书记的新思想，开展海绵城市建设，把“水害”变为“水利”。

目前，常德海绵城市建设试点总面积 36.1 平方公里，低影响开发雨水系统构建总投资超过 78.15 亿元，涵盖水系治理、防洪排涝、供水、截污治污、海绵院落等 148 个项目。城市不再“旱涝”，领导不愁问责，水清城净环境美，成为常德“十年磨一剑、不负桃花源”的回报。

超前规划，打好“先手牌”

2014 年 12 月，国家启动了全国首批海绵城市建设试点城市申报工作，全国有 130 多个城市参加竞争。2015 年 3 月，常德市以总分第 7 名的成绩脱颖而出，成功入围全国首批 16 个试点城市。

常德为什么能够在激烈的竞争中胜出并在实践中处于试点城市前列？主要得益于常德敢为人先、创新务实、久久为功的探索：

理念先行。 常德是国内最早认可和引入海绵城市理念的城市之一。早在 2004 年，常德就与德国汉诺威市政府、德国汉诺威水协、荷兰乌特勒支市政府、湖南省住建厅携手合作，向欧盟申请并获批了城市河流污染治理环境对话项目：《解决亚洲城市可持续发展的问题——常德市城区及穿紫河污水治理个案分析》。

规划引领。 2008 年，常德与德国汉诺威水协合作，编制城市发展和水资源可持续利用整体规划。聘请德国汉诺威水协、中科院、中规院等单位，高标准编制了城市给水、防洪、水资源利用等 10 多个专业规划，编制了北部新城、江北、穿紫河等片区水系和雨水综合利用规划。2009 年以来，按照规划启动了 110 多个涉及水系治理、供水排水、污水处理等项目，建成了一批市民得实惠的标志性工程。

2015 年试点以来，实行科学规划、科学定标、科学建设。重新划定“红线”“绿线”“蓝线”，制定了三年行动计划实施方案和实施意见，编制海绵城市建设专项规划、试点城市实施计划等 10 多个专业规划和 40 多项建管控维制度规范。

政府主导。 成立海绵城市建设领导小组，由市委书记任顾问、市长任组长、相关分管领导任副组长，设立领导小组办公室和 9 个工作组。成立由分管城建的副市长直接领导的海绵办，全面负责项目的筹划、建设、运行、维护、管理，统领建设、规划、园林、水利、环保等相关部门。建立“办公室一周一调度、分管副市长一月一调度、市长一季一调度”的运行机制。2019 年 6 月，湖南省首家专门的公益事业单位——常德市海绵城市建设服务中心正式挂牌成立，这是海绵城市建设运营常态化、制度化的保障机构，对全省乃至全国具有借鉴意义。

夯实基础，打好“民本牌”

建设海绵城市，必须把增强市民归属感和幸福感作为出发点和落脚点。近年来，常德扛起甘愿把政绩“埋在地下”的情怀和担当，以保护人民生命财产安全和社会经济安全为出发点，重点解决好老百姓普遍关切的城市内涝、水体黑臭、出行不便、就业困难等突出问题。

明晰工作思路。 以“还原清流、惠及民生”为本，把城市黑臭水体整治和内涝点整治作为重点项目和民生工程优先安排，让市民切身感受到海绵城市建设带来的好处。在推进项目征拆工作时，坚持依法拆迁，及时化解拆迁矛盾纠纷，维护好拆迁当事人的合法权益。

推进小区改造。 把“为人服务、让人方便”的人本思想贯穿于小区改造工作始终。在老旧小区改造中，秉持“不为了海绵而建海绵”的原则，如为了解决小区居民停车难问题，将一部分绿地改为生态停车场，在基本满足居民实际需求的基础上适当导入一些海绵元素。在老西门棚改中，增加商铺面积解决就业岗位近2000个，既恢复了原有自然生态本底，又保留了原有的街巷记忆与历史足迹，打造出现代完美社区光明巷和新村两个社区。

打造亲水文化。 常德城市水域面积占到规划区的17.6%。突出抓治污，恢复水生态，实施江河湖连通工程，让游客可在城内亲水游，实现“水安、水净、水流，水亲、水游、水城”。在水系生态驳岸建设过程中，增设了亲水栈道和慢行系统等，方便市民休闲健身。在“一江两岸、诗画长城”建设过程中，以防洪大堤为载体，形成江北“中国常德诗墙”、江南“中国常德画壁”诗画交相辉映的美丽景象。在柳叶湖沿线，打造了“欢乐水世界”、柳湖沙月、螺湾观鸟、环湖赛道等多个亲水项目。

2013年以来，常德大力推进“三改四化”即路改、水改、棚改和绿化、美化、亮化、数字化整体建设，城市面貌焕然一新，城市的水生态、水环境明显改善，“小雨不积水、大雨无内涝、水体无黑臭、热岛有缓释”成为现实。常德市获得了全国文明城市、国家节水型城市、国家卫生城市、国家园林城市等荣誉称号。

统筹推进，打好“结合牌”

海绵城市建设是一个系统工程，既需要与智慧城市、园林城市、生态城市等众多城市发展模式有机结合，共同营造自然生态的、文明发达的可持续城市，还需要与小区、道路、地下管网改造和黑臭水体治理等融合推进，实现源头减排、过程控制和系统治理。

融合建设理念。 将生态宜居城市建设与历史文化名城保护相融合。老西门项目建设融合了四个理念：一是打通主体干道、护城河等城市动脉，保留城市肌理，实现还水于民；二是通过商业业态与人文生态的结合、巧妙的建筑规划、设计，充分激发城市活力；三是挖掘城市文脉，发掘常德丝弦、花鼓戏两项非物质文化遗产，修复护城、河杨家牌坊等历史文化遗存，把护城河打造为一条流淌着历史文化的河；四是严格控制开发强度，尽量采用绿色基础设施，促进人与自然的和谐共处。

结合治污活水。 穿紫河和柳叶湖是常德海绵城市建设的重中之重。在穿紫河改造过程中，常德斥巨资，拆除河堤、疏通河道、增加调蓄容积，在河沿岸建起8个新型雨水泵站，沿岸118个排水口被全部截流，修建了1100多公里地下管网，将无数大小“海绵”与穿紫河连通。在水域面积21.8平方公里的柳叶湖治理过程中，坚决控制污染源头，科学编制水环境保护中长期规划，严格实行商业项目“水体环境保护一票否决制”，彻底关停周边石煤矿区，取缔珍珠养殖；实施水体水质日常监督制度，建立30人环保监察队伍，设立6处常态监测点；吹填清淤600万立方米，退田新增水面7800亩；对6条水系实施疏浚改造，增强水体流动性，实现“连沅江、入洞庭、进长江、通大海”目标。

综合治理技术。 在“渗、滞、蓄、净、用、排”各个环节综合施策。如在护城河的治理上，融合了控源截污、内源治理、生态修复和排涝除险等多项技术措施。通过采用各种低影响开发技术，减少径流总量，有效削减径流污染负荷；通过清理沿岸垃圾和河道清淤疏浚，保证了护城河排水畅通并促进水体水质改善；通过退耕还湖，建设生态驳岸和生态浮岛，种养、繁殖水生动植物，改善生物群落结构和多样性，增加水体的自净能力，使水生态系统恢复良性循环。

整合筹措资金。 海绵城市建设除国家专项资金外，还需大量资金投入。常德先后建立了政府投资、市场融资、社会筹资等多元化资金筹措模式，3年共完成投资近80亿元，主要用于水系治理改造、污水雨水处理设施建设改造、公园建设改造等。积极探索推进政府与社会资本合作模式（PPP模式），对接社会资本，吸引金融机构积极参与。与国家开发银行湖南省分行和农发行湖南分行达成协议，采取“小基金、大信贷”模式，设立50亿元的“海绵城市”融资支持基金，分别向“海绵城市”项目提供200亿元的信贷综合授信，改变了以往的政府包办模式。

治理前穿紫河中间的违章建筑

产城共建，打好“发展牌”

缺乏稳定收益回报，是海绵城市建设面临的“难题”。常德海绵城市的探索与实践启示我们：一切城市建设不能脱离城市建设和经济发展协调互动带来的可持续发展。

注重可持续性。 统筹考虑项目建设的外部效应和内部效应，把老西门建成集“生态宜居、旅游观光、绿色办公、现代商业、文化休闲、艺术体验”等于一体的复合型“城市文化旅游街区”，不仅提升了街区商业资产价值，而且将永久性产生经济收益。该项目总投资16.72亿元，预计到2025年时商业资产总值达到24.02亿元，预计上缴税金3.3亿元，实现利润5亿元。

拉长产业链条。 海绵城市建设带来了人才培训、规划与设计、“智慧”平台的开发与建设、低影响开发雨水系统构建制造、水生动植物繁育与供给、海绵城市新技术新材料的研发制造及运行维护等诸多产业，不仅催生了湖南道诚、鑫盛建材等一批新型技术和材料企业，还带动了七星泰塑、湘北水泥水管厂等一批传统企业的转型升级。以湖南文理学院等高校为合作平台，联合7所院校组建了常德海绵城市工程技术研究中心、海绵城市生物与湿地研究院，开展海绵城市产学研方面研究和成果转化，取得了较好成效。

发展全域旅游。 在实施内河水系综合治理工程建设中，注重融入大量旅游元素，赋予其城市景观、生态廊道、旅游休闲等新功能，生态、休闲、健康、美丽、文化五大元素更加凸显，海绵城市建设成果转化为了实实在在的“美丽经济”。先后打造常德诗墙、常德画壁、柳叶湖环湖景观带、穿紫河水上风光带、武陵阁步行城、德国风情街、常德河街、老西门等一批海绵亮点项目，成了炙手可热的优良旅游地。2019年，常德海绵城市建设助推旅游效果显著，全市接待国内外游客6076.75万人次，实现旅游总收入521.14亿元，分别同比增长17.93%、18.14%。

2015年，海绵城市试点以来，常德探索走出了一条山、水、城相融可持续发展的海绵城市建设新路子。近年来，常德市大范围、长时间的强降雨时有发生，海绵城市建设和防洪排涝体系经历了一次又一次严峻的考验，交出了一份完美的答卷。

“一簇花影一丛树，一城春色半城湖”。在开启现代化建设的新征程上，常德海绵城市建设必将持续发挥生态、社会、经济综合作用，接续为绿色常在、碧水长流、空气常新的美丽常德添光溢彩。

常德市柳叶湖边

专家点评

建设海绵城市，即构建低影响开发雨水系统，将城市河流、湖泊、地下水系统的污染防治与生态修复结合起来。水少保湿，水多不涝，“海绵城市”强大的肾功能使常德更健康、更美丽、更自信。常德的海绵城市建设，为城市开发建设提供了新鲜经验和实践探索：城市开发建设中应坚持规划引领，保护河流、湖泊、湿地、坑塘、沟渠等生态敏感区，优先利用自然排水系统与低影响开发设施，做到雨水的自然积存、自然渗透、自然净化和可持续水循环，实现城市良好的生态功能。

坚持生态优先　赢得发展未来

——张家界市永定区“乱”与“治”的辩证法

要牢固树立绿水青山就是金山银山的理念，守住发展和生态两条底线，努力走出一条生态优先、绿色发展的新路子。

——习近平2021年2月3日至5日赴贵州看望慰问各族干部群众时的讲话

“仙境张家界，魅力永定区”。

张家界市永定区地处张家界国家森林公园核心区域。距离城区 8 公里的天门山，因自然奇观天门洞而得名。因其临风独尊的气质，被誉为张家界之魂，秀丽风景驰名天下。

这风景，既得益于大自然的恩赐，也得益于地方政府和群众的精心守护。

雄奇的天门山全景图

挖山？护山？眼前利益与长远发展的矛盾

永定区绿水环绕、青山绵延，澧水河穿城而过，天门山巍然耸立。绿色生态，是永定区的最大财富、最大优势、最大品牌。

区内有自然保护区 7 个，森林覆盖率 74.12%。全区总国土面积 2169.03 平方千米，生态红线总面积为 533.65 平方千米，占国土面积 24.60%。2020 年，空气环境优良率达 95.9%。

区内拥有国家级旅游景区 10 处，其中：5A 级 1 处、4A

级 1 处、3A 级 8 处。境内物种资源极为丰富，有娃娃鱼、中国鸽子花、银杏等国家二级珍稀保护动植物 20 多种。

天门山上云海翻涌，宛如仙境

但是，守护这一方宛如仙境的宝地，并非易事。

早在 20 世纪 80 年代中期，张家界市的旅游产业就已经起步，但当时旅游业对经济社会的整体带动作用还是十分有限。因而，在究竟如何“靠山吃山”的问题上，永定区当年也面临着艰难的发展路径选择。

传统农业缺乏上升空间，旅游产业缺乏开发资金，大家几乎不约而同地将眼光聚焦到了发展工矿业上。一方面，当时“村村点火，户户冒烟”在全国是一种潮流；另一方面，永定区的山上也的确蕴藏着丰富的矿产资源，具备开矿办厂的先天优势。

尤其是天门山周围蕴藏着大量的镍钼矿，只要开采，便可来快钱。因此，一些同志纷纷力主发展矿业，坚持开发镍钼矿。然而，矿山开采的闸门一旦打开，就如同打开了“潘多拉魔盒”一样。

从 2004 年开始，永定区天门山景区周边出现非法开采镍钼矿的现象，到 2008 年时最为猖獗。当年参与整治工作的负责人介绍，其情形可以用“五千五万”来形容：天门山区域 5 个乡镇、街道办事处非法开采矿洞达 1355 个，山体满目疮痍，严重程度可谓是“千洞万孔”。天门山区域几乎家家户户都参与了非法开采，有钱自己开矿，无钱邀人入伙开矿，参与程度可说是“千家万户”。天门山区域非法开采人员高峰时达数千人，规模之大可称是“千军万马”。整治工作难度大，风险多，执法人员有 30 多人被非法采矿人员殴打致伤，整治历程可讲是“千难万险”。参与整治工作人员日夜驻点坚守，上山巡查，没有节假日，工作难度可道是“千辛万苦”。

利益之争一度演变为尖锐的社会矛盾，乡风坏了，青山秃了，人心凉了。曾几何时，走进山里，昔日的青山，变得满目疮痍，矿渣堆积，污水遍地，破坏程度触目惊心。愈演愈烈的非法开采镍钼矿现象引发群众强烈反感。

经过认真、深入的调查研究，永定区委、区政府痛彻感悟，在永定区，开矿这个钱赚不得，赚了就是在糟蹋上天的恩赐、败坏祖宗的基业、断送子孙的饭碗。

治理！守护！生态优先与绿色发展的融合

让当地老百姓放弃唾手可得的财富，难度可想而知。不痛不痒的劝解与引导作用甚微。需要厘清思路，需要科学规划，更要措施上的铁腕和决心。

在工作思路上，永定区委、区政府成立镍钼矿环境整治办，按照“保持高压、改进方法、多管齐下、联合整治、堵疏结合”的工作思路，突出炸、查、抓、判与巡、围、守、堵相结合的综合整治措施，全区非法开采镍钼矿严峻形势得到根本性好转。

在组织领导上，区委书记、区长一线指挥，所有区委常委包片领办任务，组建200余人的专班日夜值守、巡山检查，相关乡镇（街道）会同公安、武警等部门开展联合执法，重点打击处置非法盗采行为。

在整治力度上，关停并销毁非法镍钼矿开采点20处，捣毁1000多个已挖矿洞，查封矿井3000多个，先后将20余人移送司法机关，判处有期徒刑最高的达12年。纪检监察部门立案7起。全区所有可炸矿洞都已炸毁，封闭矿洞无一处复开，新开矿洞为零，几年来一直整治不下的顽疾已得到根本控制。

在生态恢复上，区整治办将被破坏的山林、耕地、水利、交通设施情况调查清楚，落实到人，责成辖区乡镇、街道办事处予以恢复。引入环保科技企业对已销毁开采点进行综合整治，阻断废渣对周边土地和地表水的影响，实施生态修复工程。

永定区在开展矿山治理的同时，持续开展“蓝天、碧水、净土”保卫战，在治理中加强守护，在守护中持续治理，系统开展生态文明创建工作。

水污染防治稳步推进。 全面落实“河长制”，澧水干流出入境水质稳定达到Ⅱ类标准，城市饮用水源水质达标率100%。涉大鲵保护区23座小水电站全部关停退出，全区14个乡镇污水处理厂及配套管网工程全部运营，1177艘捕捞船舶全部上岸，拆除饮用水源保护地网箱养殖面积2.4万平方米，67条河流、88座水库、4处澧水骨干水电工程纳入河长制管理。

大气污染防治成效显著。 市城区砖瓦厂全面关停，城区外砖厂全部使用低硫煤，市城区非工业燃煤锅炉全部取缔，VOC污染源调查和锦泰、华云等24家汽修厂VOC治理项目全面完成，2020年市城区环境空气质量优良天数349天，优良率达95.9%，国家空气质量达标城市创建成功。

土壤污染防治有序开展。 制定污染地块分期分批治理计划，43家危废（医疗废物、废矿物油等）产废单位及1家危废收集单位全部实现规范化管理。西溪坪办事处庄家峪村镍钼矿废渣重金属污染整治工程、南庄坪办事处茅坪村锌镉矿渣处理与土壤污染治理修复工程全面竣工并通过验收。

永定区注重通过体制机制创新，实现生态文明建设良性发展。成立了由区委书记挂帅的生态环境保护委员会，建立了“党政同责，一岗双责，管行业必须管环保”的工作机制，把生态文明建设工作纳入了全区绩效考核，出台了《张家界市永定区国家生态文明建设示范区规划》《张家界市永定区生态文明创建暨污染防治攻坚战工作考核评比办法》《农村环境综合整治整区推进实施方案》《张家界市永定区集中式饮用水源保护区划分方案》等，形成了一套较为完整的生态环保规划体系和推进机制。

绿色！金色！绿水青山向金山银山的转化

铁腕治理入手，科学规划引领，坚持生态优先，坚持绿色发展，永定区的生态文明建设取得了显著的成效。老百姓习以为常的绿水青山，成为梦寐以求的金山银山。

传统山水景区向现代旅游转型。被誉为“武陵之魂”的天门山，依靠自身资源优势，凭借其险峻山势及特殊地貌，建成了 99 道弯世界公路奇观、世界最长高山索道、玻璃栈道等经典特色旅游项目，成功策划举办了飞机穿越天门、徒手攀爬、高空钢丝、翼装飞行世锦赛等系列活动。

“武陵之魂”——天门山

自然景观与人文景观的完美结合，古朴农耕与现代文明的交相辉映，视觉的震撼和感官的欣悦，尽在张家界之魂——天门山。天门山国家森林公园为森林旅游产业发展提供了成功典范，成为永定区、张家界乃至湖南面向世界的一张名片。

同时，永定区持续加大民族村寨、休闲度假、生态民宿、户外运动四大乡村旅游发展力度，大力发展农业观光、农事体验、农家餐饮、田园休闲、土家民俗等为一体的特色乡村旅游。石堰坪、马头溪、马儿山等乡村旅游人气持续高涨，乡村旅游已经成为旅游产业中的一道靓丽风景线。

2021 年上半年，全区共接待游客 1483.4 万人次，同比增长 123.66%，实现旅游总收入 190.55 亿元，同比增长 190.54%，旅游产业的转型正在不断释放发展红利。

“一片叶子，成就了一个产业，富裕了一方百姓。”习近平总书记曾经这样评价茶产业。在永定区，张家界莓茶的生态产业致富模式，显示出这一片叶子的威力。

张家界莓茶，是在张家界区域特定的地理、气候环境中生长、繁衍的藤茶品种。永定区充分依托生态资源优势，把莓茶作为“一县一特”的主导产业进行培育，制定《永定区张家界莓茶 5111 行动计划》，出台系列支持政策，推进“产学研”合作发展模式，致力打造“张家界莓茶”区域公共品牌。全区莓茶种植面积已达 10.6 万亩，专门从事莓茶种植的生产经营主体已达 100 余家，综合年产值突破 15 亿元。

莓茶产业成为永定群众快速脱贫、稳定致富的重要渠道

同时，永定区把莓茶作为推进产业扶贫、增强造血机能、助农稳定增收的富民产业来打造。几年来，张家界莓茶产业已成功带动山区 7000 多户农户 4 万多名农民靠种植、加工莓茶脱贫，实现近万名农村富余劳动力就业，参与张家界莓茶产业发展的农户人均增收 6000 元以上。莓茶产业成为永定群众快速脱贫、稳定致富的重要渠道。

围绕张家界莓茶开发，永定区已树立茅岩莓、土家贡、天门郡、灵洁、神堂莓等 41 个品牌，开发出了面膜、牙膏、含片、黄酮口服液等系列深加工产品，张家界莓茶先后获国家农产品地理标志登记保护产品、中国驰名商标、国家有机产品认证、上海茶博会“创新养生茶”金奖等多项荣誉，永定区被授予“莓茶之乡”称号。

青山绿水与土家民族文化有机结合，乡村文旅产业焕发新的生机。

马头溪是千年古村落，一度因为交通不便、基础设施落后成为贫困村。2015 年开始，马头溪村在区委办驻村帮扶下，依托风景秀丽的绿水青山，保留完整的 128 栋独特土家吊脚楼和丰富的“匠人文化”，深度挖掘“山水＋文化＋旅游”的乡村发展模式，开通了沿溪游步道、自行车道，建成了杨梅基地、木榨油坊、花海园、农家乐、特色客栈。

马头溪村“苏木绰”土家风情村寨

马头溪村作为土家风情保留完整的原生态村落，以绿色为底色，融入“苏木绰”土家风情。2019 年入选第一批国家森林乡村名单，游客达 32 万人次，旅游收入达 2100 万元。村民人均纯收入从 2013 年 1680 元增加到 2020 年的 12000 元，全村于 2017 年底全部脱贫。

马头溪村的成功是乡村振兴的典范。如今马头溪村所在地王家坪镇依托生态环境优势和特色少数民族文化，实现快速发展，成为永定区发展全域旅游的样板。

永定区深入贯彻习近平生态文明思想，牢记“绿水青山就是金山银山”发展理念，坚持生态优先，坚持绿色发展，走出一条生态保护与绿色经济同步发展的特色之路，赢得了当下，更赢得了未来！

2020 年底，生态环境部公布全国第四批“绿水青山就是金山银山”创新实践基地，永定区成为湖南省唯一入选单位。

专家点评

举世闻名的张家界天门山风景区，也曾经历过短期利益与长远利益的矛盾交锋，宛如仙境的绿水青山也曾遭遇过令人痛心的破坏与污染。值得欣慰的是，这种状况得到了及时纠正。在其中，决策者的睿智与担当，政策措施的果断与坚决，人民群众的理解和支持，都是不可或缺的因素。生态优先，绿色发展，也许会牺牲一点当下利益，但最终，会赢得长远的未来！

“上善若水”的现代诠释

——郴州市推进水资源可持续利用与绿色发展

形成今天水安全严峻形势的因素很多，根子上是长期以来对经济规律、自然规律、生态规律认识不够、把握失当。把水当作取之不尽用之不竭、无限供给的资源，把水看作是服从于增长的无价资源，只考虑增长，不考虑水约束，没有认识到水是生态要素，没有看到水资源、水生态、水环境的承载能力是有限的，是有不可抗拒的物理极限的。

——习近平 2014 年 3 月 14 日在中央财经领导小组第五次会议上的讲话

每天清晨，渔民准时出现在雾气弥漫、宛若仙境的小东江上。屈身、揽网、抛掷，一气呵成，硕大的渔网在空中舒展身姿，扑入水中，溅起水花一片，引来掌声阵阵。他们只撒网不捞鱼，以撒网绝技吸引了各地游客和摄影爱好者“打卡”，成了真正的“撒网网红”。“过去我们撒网捕鱼，现在撒网‘捕客’啦!”灿烂的笑容定格为一个个美丽的瞬间。这既是渔民新生活的缩影，更是郴州市推进水资源可持续利用与绿色发展的生动写照。

雾漫小东江实景

“矿晶之都”的水污染之痛

郴州地处湘南，雄踞南岭成矿带，是有名的“中国有色金属之乡”“矿晶之都”。境内溪河密布，水资源丰富，分属湘江、赣江、北江三大水系，全市多年平均降水量 294.4 亿立方米。

好山好水是郴州的天然优势。然而，郴州矿产开发历史悠久，特别是 20 世纪八九十年代，受“有水快流”思想的影响，“靠山吃山靠水吃水”粗放式发展带来了巨大疼痛。

多年以来的粗放式矿产开采，造成陶家河、东河、西河等河道淤塞和重金属污染，尤以陶家河流域污染严重。陶家河属湘江三级支流，发源于临武县三十六湾，流经临武、嘉禾和桂阳 3 县，全长 55 公里，流域总面积 264 平方公里。三十六湾是湘江源头之一，矿区面积 48 平方公里，采矿历史已有 400 余年。历史遗留大量废石无序堆放于山谷、坡地，简易尾砂库中的尾砂遇山洪即随洪水流入下游。虽经十多年的大力治理，取得了一定成效，但因该矿区海拔高，山高坡陡，土地贫瘠，气候恶劣等原因，个别区域生态恢复效果不明显。如癞子岭区域仍是砂石裸露，生态脆弱；陶家河上游马家坪河段淤积尾砂量巨大，存在污染隐患，治理难度大。

事实表明，只顾眼前利益、不顾长远发展、专注经济效益、忽视全局利益的发展方式已成为郴州前进的拦路虎。

依法“护水”，永葆绿水青山的郴州魅力

郴州市委、市政府审时度势，顺应民意，坚持生态优先、绿色发展理念，决定以水资源的可持续利用为突破口，做好水文章，打造创新发展示范区。

绿色发展当示范。2019 年 5 月 6 日，国务院批复同意郴州市以“水资源可持续利用与绿色发展”为主题建设国家可持续发展议程创新示范区。郴州统筹经济发展和生态保护，围绕建设主题，探索了“四水联动”模式。开启了郴州水资源可持续发展的新篇章，为全国生态文明建设探索有益经验，当先锋、做示范。

养护并举护生态。良好的水生态是水资源可持续利用的基础。郴州因地制宜、因河施策，结合河长制实施契机，制定出台包括东江湖在内的“一湖一策”“一河一策”保护措施。

以东江湖为重点，建设水源涵养林和防护林；推进船舶污染防治，全面淘汰 40 座以下和老旧旅游船舶 172 艘，大量削减船舶污染，所有客运船舶全部加装污水收集装置，并配套建成使用 5 套船舶污水收集上岸处置装备，及时将船舶油污水转运至周边城镇污水处理厂处理，引进国内内河首艘液化天然气动力客船；升级改造环湖污水管网。

启动东江湖网箱退水上岸，保护性退出东江湖水面所有网箱养殖；保护性退出东江湖沿岸 500 米范围内所有畜禽规模养殖场共 594 家，实现沿岸畜牧污染“清零”；开展东江湖水生

态评估和渔业增殖放流，实现“以鱼治水”“以鱼养水”的“保水渔业”；实施环湖餐饮住宿行业规范化整治专项行动，整顿民宿200余家；实施湖水自净提升工程。

东江湖流域（资兴市、宜章县、汝城县、桂东县）全部实行封山育林、禁伐保护。2020年，新增人造林6.9万亩、森林抚育61.16万亩、修复退化防护林26.11万余亩，清理拆除水产养殖网箱17.42万平方米，回收捕捞渔船1062艘，建设河湖视频监控点219个，目前东江湖水质稳定保持I类。碧波荡漾、山水叠翠、湖天一色的东江湖闪耀着绿水青山的郴州名片。

示范区建设以来，郴州市共新增人工造林面积43.2万亩、森林抚育面积222.41万亩、修复退化林83.03万亩，全市森林覆盖率已达67.94％，市县级以上饮用水源地水质达标率为100％。城市绿色发展指数居湖南省第一。

东江湖美景

铁腕“治水”，形成流域治理的郴州经验

铁腕治矿促转型。为让陶家河流域再现绿水青山，郴州以壮士断腕的决心推动三十六湾矿区及陶家河修复治理。先后投入资金 15 亿余元，实施治理项目 23 个。实行矿区“休克疗法”，铁腕整治矿山乱象，推动尾矿尾砂治理。坚持山水林田湖草系统治理，实施生态修复治理工程。

2020 年，郴州市全面启动绿色矿山建设，出台《郴州市绿色矿业发展示范区建设方案》并上报自然资源部。对三等以上的尾矿库安装在线监测系统；对现存 103 个尾矿库实施直接利用、稀贵金属回收、改性粉体材料利用、膏体充填利用等多种综合利用模式。

截至 2021 年 7 月，郴州已建成绿色矿山 53 家，超额完成年初目标任务，绿色矿山建设工作持续领跑湖南省。通过全市系统综合整治，鲁塘、荷叶、太清、新田岭、三十六湾等矿区全部实现由乱到治，陶家河水质持续向好。

为保障采矿人员就业，妥善化解民生问题，郴州抢抓示范区建设机遇，积极对接粤港澳大湾区，打造全产业链招商模式，大力建设湘粤高新电池产业园、东佳电子产业园、湘粤食品加工产业园，逐步解决因矿业整治遣散的 10 万余人的就业问题，走出了一条“矿业整治-综合治污-绿色发展”的转型之路。

治污除臭提水质。为全面改善水环境，郴州强力推进城镇

污水处理和黑臭水体综合整治。2019 年以来，市中心城区污水处理设施提标改造 1 个，累计完成投资 6500 万元；全市累计启动污水处理项目 38 个、黑臭水体整治项目 15 个，累计完成投资 10.7 亿元。县城以上污水处理率均超过 90%，其中市中心城区污水处理率达 95.4%，居民生产生活用水环境得到有效改善。

甘溪坪老桥治理前后对比影像

科学“用水”，探索安全高效的郴州模式

安全饮水利民生。近年来，郴州以建设“普惠发展先行区”为目标，探索水资源可持续利用与为民、利民、惠民相结合，造福于民。利用“净水”资源实施东江引水二期工程、郴资桂城乡供水一体化工程和莽山水库城乡供水一体化工程，建成后将改善200多万人的优质生活饮水质量，提升了人民群众的获得感、幸福感、安全感。

综合利用创效益。绿水青山就是金山银山。郴州坚持保护为本、发展为要，统筹谋划，充分利用“绿水”“热水”“冷水”资源，做好“水”文章，发展“水”产业，创造“水”效益。

利用“绿水”资源，积极发展食品药品及生态农业。引入青岛啤酒、华润三九制药等知名企业，推出东江鱼、临武鸭、高山禾花鱼、矿泉水等消费品和关联产品。走精品化、高端化发展路线，打造了“东江鱼”“东江湖蜜橘”“东江湖茶”等国家地理标志保护产品。

利用“热水”资源，探索温泉＋生态、温泉＋文化旅游、温泉＋康养等多种利用模式。建设了罗泉温泉、云海居生态温泉康旅基地、官溪山庄、汝城长安生态城等项目，催生了温泉休闲旅游等新潮流和新亮点，培育了郴州旅游新引擎。

利用“冷水”资源，发展大数据产业。充分利用东江湖不可复制的冷水资源，建设采用全自然冷水冷却技术的东江湖大

数据产业园。能源效率指标值始终保持在 1.05 至 1.15 之间，创造了国内互联网数据中心最低纪录，有效降低了能耗。东江湖大数据中心荣获“国家绿色数据中心”称号。

水资源的高效利用，让更多群众享受到可持续发展带来的福祉，体验到绿水青山带来的美好生活。

全民“节水”，建立共建共享的郴州机制

坚持制度引领。推行县级以上城镇居民生活阶梯水价、非居民生活用水和特种用水超定额（计划）累进加价。印发了《郴州市城市节约用水奖惩实施意见》，由同级财政预算安排专项资金，用于奖励在城市节约用水工作中取得显著成绩的企业(单位)、社区、家庭和个人。建立健全了节约用水工作部门协调机制，召开了市级协调机制成员第一次全体会议，进一步明确了市节约用水部门协调机制的组织机构、主要职责和工作规则。配合省水利厅和省教育厅，积极协调推进郴州四所高校创建全省节水型高校示范。

先后实施了青山垅灌区、宜章县黄沙溪灌区、永兴县黄口堰灌区、苏仙区高峰灌区、桂阳县莲塘灌区、嘉禾县盘江灌区、安仁县大源灌区等 7 个节水配套改造项目，新增年节水能力 2046 万立方米。苏仙区和嘉禾县先后成功创建国家级县域节水型社会，北湖、资兴、永兴 3 县市区的县域节水型社会达标建设已通过省厅组织的技术评估。

郴州市机关事务管理局通过了国家机关事务管理局、国家

发展改革委、水利部组织的公共机构水效领跑者专家评审。桂阳县成功创建省级节水型城市，市县两级 12 个水行政主管机关全部成功创建水利行业节水机关，嘉禾县泮头灌区成功创建首批省级节水型灌区，14 家行政事业单位成功创建市级公共机构节水型单位。

截至 2021 年 7 月，全市已累计创建节水型灌区、工业企业、生活服务业单位、居民小区 309 个，其中市级以上节水载体 99 家。目前，桂阳县肖家山水库管理所、湖南华润电力鲤鱼江有限公司、郴州高新区、青山垅灌区水电管理局等单位的节水载体建设，以及安仁、汝城和桂阳 3 县的县域节水型社会达标建设工作正有序、有力、有效地推进。

坚持全民共建。为促进全民参与、全民共建，郴州成立可持续发展志愿者协会，让更多公众了解可持续、参与可持续、建设可持续，营造了浓厚社会氛围。郴州在全国率先提出把 5 月作为“可持续发展宣传月”，将 5 月 6 日定为“可持续发展主题日”。

重点围绕“水资源可持续利用与绿色发展”主要内容和重要意义、水资源可持续利用意识，面向基层、企业、机关、校园等对象开展节水、节水技术、节水型城市建设等 11 项重点宣传。广泛开展可持续发展进社区、进机关等活动，组织 500 多名科技特派员深入基层讲解可持续发展知识，宣传可持续发展理念。

专家点评

水是生命之源，生态之基。郴州以“护水”为基、“治水”为要，协同推进“用水”和“节水”，以“四水联动”实现水资源保护、开发和利用的可持续发展，充分彰显了绿水青山就是金山银山的生命力。生态文明注重人与自然和谐共生，要充分结合自然禀赋和区位特点选择合适的发力方向，重点突破，系统推进。这种做法既容易打开局面，形成特色，又有利于凝聚共识，减少阻力，夯实生态支撑，增强文明底蕴。

为大数据插上节能翅膀

——资兴市东江湖大数据产业园打造绿色数据谷

要运用大数据提升国家治理现代化水平。要建立健全大数据辅助科学决策和社会治理的机制，推进政府管理和社会治理模式创新，实现政府决策科学化、社会治理精准化、公共服务高效化。

——习近平 2017 年 12 月 8 日在十九届中央政治局第二次集体学习时的讲话

宽大的机房、整齐排列的机柜、密密麻麻的服务器和交换机、数不清的连接线、到处闪烁的指示灯……此情此景正是大多数人印象中的数据中心。信息社会加速变革，数字经济蓬勃发展，海量数据激增，数据价值日益凸显，大数据中心也越来越多了。然而，随着计算速度和存储能力的提升，一个不容忽视的问题日益突出——能耗，惊人的能耗！

大数据的利与弊

大数据带来大变革。大数据是指在特定时间和条件下难以处理的海量、多样化数据。通过数据挖掘和建模，人们可以多维度认识和预测事物发展。大数据具有不计其数、千姿百态、瞬息万变、大海捞针的特点，其核心和难点在于数据挖掘和建模分析。

当年 IBM 公司的“深蓝”战胜国际象棋世界冠军卡斯帕罗夫；谷歌公司的“AlphaGo”战胜围棋世界冠军李世石；新冠疫情确诊病患涉感人群和区域的精准判定和扩散预测；人群密度热力图技术用于公共场所人流密度实时监控和处置……这些都让人们见识了大数据和人工智能的威力。

大数据的发展挑战了人类思维和认知模式。在更深层面、更高维度上诠释了当年毕达哥拉斯提出的“数乃万物之本源”的观点。进一步证明了世界是由深层次的概率决定的，拓展了决定论的内涵，确立了概率论的世界观。使人们重新审视认识论，带来哲学视角的深邃思辨和深刻变革。

大数据创新了管理和决策方式，实现了由事后管理到事前预测和实时干预的转变。百度基于搜索数据的建模分析创建了“景区拥堵指数”，准确预测热门景点特定时间段的游客数量，为景区制定预案、游客合理出行提供支撑，实现了“未卜先知”。

大数据创新了产业发展模式，推动了以个性化需求为主导、基于供需实时匹配的规模化范围经济的发展。通过网络下单、数据汇总和建模，海尔智能滚筒洗衣机实现了大规模定制，成功化解了个性化定制的成本控制难题，实现了规模效益和长尾效应的融合。

当前，全球大数据中心建设如火如荼。截至 2020 年底，全球数据中心中美国占比 40%，我国只占 8%，差距很大，还需大力发展。

大数据产生高能耗。大数据虽好，但能耗却是电老虎。一组数据或许会刷新我们的认知。现有千万亿次级超级计算机每年大约要消耗一个中型核电站的发电量。比如美国的超级计算机“美洲豹”约为 7 兆瓦，我国的“天河一号”也接近 4 兆瓦，“神威蓝光”1 兆瓦的能耗在超级计算机中算是相当省电了——大概每天花费 6 万元电费。

2015 年，我国的大数据中心耗电量已达 1000 亿千瓦时，相当于三峡电站全年的发电量；2018 年，耗电量达 1500 亿千瓦时，超过上海全年的社会用电量；2020 年，耗电量达 2035 亿千瓦时。预计到 2030 年，全球的大数据中心将消耗全球 30%左右电力，是不折不扣的“能耗巨兽”！节能降耗成为大数据中心的重要考量。

兴利除弊促发展

如何兴利除弊，迎接数据时代的能耗挑战呢？凭借全国唯一的全自然冷水冷却技术，东江湖大数据产业园异军突起，成功解决了能耗难题，成为全球数据中心业界冉冉升起的新星。

东江水引来金凤凰。

郴州东江湖水面面积 160 平方公里，平均水深 67 米，蓄水量 81.2 亿立方米，大坝出口水温稳定在 4℃。

东江湖冷水流量大、流量流速基本人工控制（三座水电站调节）、水温几乎不受外界气候影响，水质清澈、无须任何处理、取用便捷、生态影响基本可以忽略不计，制冷工程建造成本远低于传统的电力、风冷、浸没式、海水等制冷方式的数据中心。

每年至少有 15 亿立方 5～13℃的冷水流经东江湖大数据产业园，按最低 40 立方/秒生态流量值计算，至少可供 20 万个机架、500 万台以上服务器持续稳定制冷。

2015 年，在业内人士的建议下，资兴市委、市政府依托东江湖独特的冷水资源、充沛电力、稳定地理、独特区位和良好的生态等优势，经过充分实地考察论证，规划建设了东江湖大数据产业园。

产业园毗邻东江湖 5A 级景区，占地面积 5000 亩，规划总投资 500 亿元，可容纳 20 万个机架、500 万台服务器规模、电能使用效率值小于 1.2 的数据中心和 1000 家以上大数据产业链企业。致力于打造全国最节能绿色数据中心产业示范基地、全国唯一全自然冷却数据中心示范基地、国家数据云灾备基地、华南绿色数据谷。预计 2025 年可实现销售收入过 200 亿元，税费 12 亿元，吸纳从业人员 1.5 万人。

东江湖大数据产业园鸟瞰图

目前，易信科技、电信（云巢）、联通（城投）、移动（城投）等公司在建数据中心已经超过 1.8 万机架，总投资超过 50 亿元。2020 年，园区受电服务器超过 10000 台，实现租赁收入 0.5 亿元，宽带收入 1.2 亿元。

湖南省电子政务云异地灾备、长沙政务云灾备、警务云灾备、长沙银行、华融湘江银行、网宿科技、淘宝、阿里（三线机房）、爱数、天翼云、唯一网络等 50 多家单位已入园，数据存储业务形成政务、金融、互联网三大板块，东江湖大数据产业雏形基本形成。

依托东江湖低温湖水直供、全自然冷却的优势，东江湖大数据产业园持续得到中央、湖南、郴州各级政府的大力支持。

湖南省政府已将东江湖大数据产业发展纳入郴州建设国家可持续发展议程创新示范区、湘南湘西承接产业转移示范区、绿水青山就是金山银山示范区的重要内容。

在《关于支持郴州建设国家可持续发展议程创新示范区的若干政策》中，明确湖南省大数据灾备中心、省政务数据中心和省新建设数据中心优先入园，每年从制造强省、互联网产业发展专项资金中拿出2000万元支持园区发展。

东江湖大数据产业园陆续被批准为“国家增量配电第一批改革试点”“湖南省电子政务外网统一云平台灾备中心”“湖南省大数据产业园”和“湖南省新型工业化（大数据）示范基地”。

节能降耗傲视群雄

能效全国第一。园区第一家建成运营的东江湖数据中心是湖南省重点项目，由湖南云巢信息科技有限公司和中国电信公司共同建设运营，面向全国提供机架租赁服务。中心占地15亩，建筑面积1.7万平方米，设计机柜3000架，2017年6月投入使用。

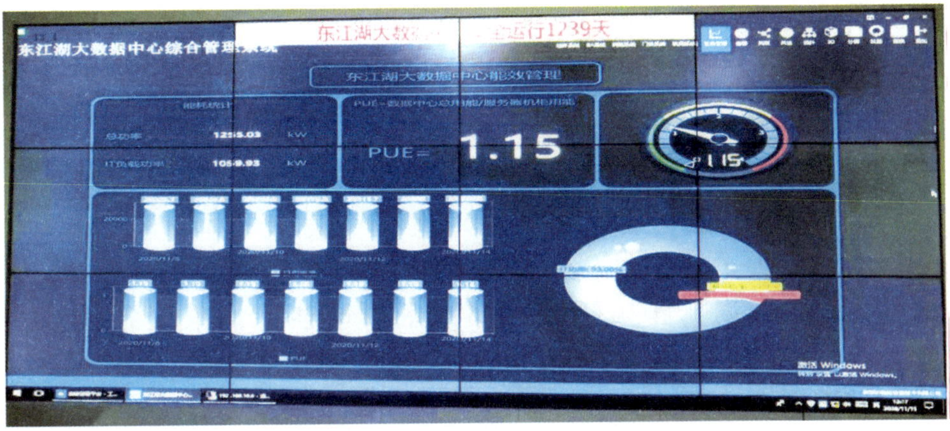

东江湖大数据中心电能使用效率实时显示图

全年100%利用东江湖低于12摄氏度的自然冷水给数据中心供冷，属于湖水直供式全自然冷却数据中心。电能利用效率一般稳定在1.05～1.16之间，经第三方检测为1.19，远优于贵阳数据中心1.58的平均值和阿里千岛湖数据中心1.28的水平，是目前全国最节能的绿色数据中心之一，通过了国家质量认证中心增强级A级和UPTIME组织M&O认证。

2020年，被工信部等批准为国家绿色数据中心，被中国电信评级为“钻石五星级机房”、中国制冷学会评为“高效冷却典型工程”。2020年10月19日，清华大学教授、中国工程院院士、中国制冷学会理事长江亿考察东江湖数据中心和东江湖冷水资源后认定，东江湖数据中心是我国目前唯一建成的全自然冷却数据中心基地（不需备份主机），“只有其一，没有其二”。

2021年8月17日，云巢·东江湖数据中心被中国信通院、工业和信息化部、开放数据中心委员会三家联合评估数据中心绿色等级为最高级——AAAAA，9 月 15 日，在北京国际会议中心统一授牌。

节能效益可观。东江湖数据中心全时采用湖水直供、全自然冷却系统。数据中心的取水口位于下游 10 公里处东江湾，此段湖水常年维持在 5～12 摄氏度。取水泵站直线距离机房 50 米，因冷水资源近距传输，冷却技术科学独特，东江湖数据中心的制冷工程建造成本、电能消耗均远低于采用传统电力、风冷、浸没式、海水等制冷方式的数据中心。

运营三年来，全部采用东江湖冷水作为服务器散热冷源，从未启动备份冷冻水制冷机组，电能使用效率值稳定在 1.19 以下。湖水直供全自然冷却系统刷新了国内数据中心电能利用效率的新高度，也打破了湖南属于三类地区不适合建设数据中心的限制。

相比电能使用效率值 1.6 的数据中心，东江湖数据中心至少省电 45%以上，园区 20 万个机架满负荷运行后年可节约用电 50 亿度，相当于少耗标煤 177 万吨，减少二氧化碳排放 552 万吨。

树立行业典范。东江湖数据中心设有湖水直供冷却（主用）和冷冻水机组（备用）两套制冷系统。直接取东江湖表层低温湖水经板式换热器制取冷冻水为机房降温，换热后的湖水经密闭管道排放至东江湖下游，无须任何处理。板换设计换热温差 1 摄氏度，符合湖水下游自然升温规律，不对湖水水质造成影响，且已通过环境影响评估，生态影响基本可以忽略不计。

东江湖大数据中心冷水散热系统

东江湖数据中心的全国首创制冷技术方案列入了《中国数据中心冷却技术 2019 年度发展研究报告》《数据中心节能技术与应用》高校教材的典型案例。此外，在绿色采购、物料利旧回收、有害物质管理、废弃物管理、排污、节水管控、设备能效管理、多手段能源监控等方面，东江湖数据中心也严格遵守国家规定，节能与绿色监察达标。

2021 年 8 月 30 日，《东江湖大数据产业园》获选生态环境部 2021 年绿色低碳典型案例，成为全国十大园区案例之一。

锚定发展目标。“十四五”期间，东江湖大数据产业园将积极配合各级政府科学规划东江湖冷水资源利用综合布局，建立更严密高效的园区冷水资源水温、水位、浊度等指标的调控机制。

扎实做好增量配电试点、光伏燃气等分布式能源发电、中心能源站冷热联供等项目，尽快建成高端人才公寓等基础配套设施项目，切实降低园区电价，优化生产生活环境。

打造“宜居宜业、产城融合”的国家新型工业化（数据中心）示范基地、全国政务云基地和华南绿色数据谷，让绿色节能助力大数据产业腾飞。

专家点评

东江湖大数据中心是科技与生态结合、绿色与信息技术融合的典范，探索了绿色大数据中心的全新思路和建设模式。科技可以改造自然，科技更要顺应自然、利用自然，这是科技哲学和生态文明的题中之义。在大数据中心集约化、规模化发展趋势下，节能降耗不仅是降低成本、凸显优势的重要因素，更是绿色发展的必然要求。

“中国银都”为什么历久弥新

——永兴县奏响循环经济新乐章

要大力发展循环经济，促进生产、流通、消费过程的减量化、再利用、资源化。

——习近平2013年5月24日在十八届中央政治局第六次集体学习时的讲话

漫步于永兴县城的街头，如同置身银子世界——高高矗立的银饰雕像、林林总总的银器商铺、精美壮观的银楼、令人流连忘返的银展……这里就是“中国银都”！2002 年，在呼和浩特召开的首届中国白银年会上，永兴县以年产白银 1500 吨占全国 1/4 强的总产量，被业界公认为“中国银都”。2004 年，永兴县被中国有色金属工业协会正式授予“中国银都”称号。

不过，这里并不产银——没有银矿！所有的银全部来自废弃矿渣、废弃尾料等“垃圾”的回收提炼，这里既是“中国银都”，更是循环经济的典范。稀贵金属综合回收利用与精深加工已成永兴第一大主导产业，产值逾 600 亿元，正阔步迈向千亿产业。

永兴县白银文化工业旅游景点——天下第一银楼，5 万两白银打造

艰难抉择，选定循环经济新路径

“中国银都”路向何方？ 永兴县东邻资兴、南连苏仙、西靠桂阳、北接安（安仁）耒（耒阳），已有300余年金属冶炼史。

岁月悠长，技艺传承，这片热土诞生了大批能工巧匠，创作了无数精美工艺品。得益于深厚的技术积淀和巧夺天工的制作工艺，永兴县出产的银饰品成功打入中非博览会，成为馈赠外宾的国礼，令世人瞩目。金属冶炼为永兴打下了深深的烙印，既是主导产业，也是永兴代名词，还吸纳了大量就业人口，为永兴县经济发展作出了重要贡献。

然而，煤炉遍地、手工作坊式的金属冶炼产生的问题日渐增多。长期无序、大量低水平生产造成环境污染问题日益突出，严重影响百姓工作生活和身心健康。规模小、档次低、工艺差的冶炼产业难以形成规模效应和产业优势；产品单一，产业链不全，附加价值低，拖累经济发展。

既要发展经济，又要保护环境，二者如何选择？两者能否兼顾？各种质疑、辩论之声渐盛，反对者不少，支持者亦众。义愤填膺者有之，据理力争者更甚，永兴到底要不要搞金属冶炼？“中国银都”路在何方？

循环经济指路引航。 这个问题终究需要县委、县政府来回答。经济发展、民生保障、生态环境一个也不能少。为此，县委领导和相关部门分组分批，全面展开深入调研。

“金属冶炼是永兴的传家宝，养活了多少人啊”，从业人员发出了自己的心声；“传统技艺不能失传，要后继有人”，年近八旬的银雕大师心情沉重；“现在污染太严重了，要对子孙后代负责”，不少百姓忧心忡忡；“搞技术改造，加强环保监督”，改造冶炼产业的意见也不少；“企业工资都难发，哪来钱搞改造”，一些企业主大倒苦水，言辞激烈。

经过座谈、访谈、实地调研、统计测算，县委、县政府充分了解了民意，摸清了金属冶炼产业的家底，学习领会了循环经济的理念和发展模式，对永兴用循环经济理论指导金属冶炼产业发展进行了可行性分析评估。

2016年，县委、县政府在充分开展环境风险评估的基础上，在省市指导支持下，决定用循环经济模式实施“中国银都”提升改造发展战略。坚持生态优先绿色发展，明确稀贵金属综合回收利用与精深加工产业为主导产业，以绿色为基、循环为本、效益为先，为“中国银都”固本强基，昔日散乱弱小的金属冶炼开启了转型升级新篇章。

顶层设计，擘画循环经济新蓝图

为了做大做强做优产业，永兴统筹谋划，协同发力，系统治理，擘画循环经济“新蓝图”。

高位驱动科学规划。 成立以县委书记任组长、县长任第一副组长的永兴县“中国银都”首选发展战略工作领导小组。

在产业布局上，明确了以稀贵金属综合回收与精深加工产业为主导，电子信息、新材料、装备制造、节能环保产业为协同的“1+4"产业新体系，初步形成产业布局合理、产业特色突出、产业活力充沛的发展新格局。

在空间布局和产业结构调整上，将工业发展布局由“一园七区”调整为“两区四园”，着力建设以循环经济工业园为龙头，以柏太工业园为基础的稀贵金属再生资源利用产业集中区。循环经济工业园为精深加工区和服务平台区，柏太工业园为综合回收区，实现了园区错位发展、耦合发展。先后制定了永兴经开区和主导产业转型升级一系列发展规划，推动形成独具特色、功能互补的布局结构，为循环经济发展提供基础完善、功能完备的优质平台。

在营商环境上，永兴在湖南省率先成立“便商之家”（客商服务中心），组建“三顺办”，制定“三晒三评”机制，坚持“五个面向”精准招商，突出产业链招商。2020年，引进2家中国500强企业，34个重大招商项目全部履约开工。力推55个重大产业项目，着力构建“亲”“清”政商关系，做到在帮扶上有求必应、在检查上无事不扰，为永兴注入了信心和动力。

严格环保执法监督。成立了湖南省首家县级固体废物管理站，组建了高规格的环保执法大队，实施稀贵金属行业“清废”行动等专项整治，加强重金属污染防治。对经开区四个园区建立水环境“一园一档”管理档案，开展千人以上饮用水水源地核查工作。

实施危险废物规范化管理，全面加强主要污染物排污权管理。2021 年上半年，已对 11 家重点管理和 10 家简化管理企业核发排污许可证，完成登记管理企业 218 家。对重点管理申请核发排污许可证的 12 家企业上报市局核发排污许可证。

在所有园区都设立了环保站，构建了县、园、企三级联动的环境监管网络体系。深入开展“双随机”抽查，加大违法行为查处力度。加强环境应急管理工作，提高应急能力。

永兴县国家循环经济示范园全景

集群发展，打造循环经济发动机

小打小闹难成气候，只有抱团发展，形成集群，完善配套，才能做大做强，形成规模效应，提升产业辐射力和影响力。

重组整合提升竞争力。 近年来，永兴通过“关、停、并、转”等方式对 132 家稀贵金属企业“重新洗牌”，一步到位整合成 30 家集团化主体企业，推动稀贵金属再生资源利用产业项目集群进园。

截至2021年5月，已有30家稀贵金属综合回收利用主体企业、18家精深加工企业和8家环保处置类企业入驻园区，力争将永兴经开区创建为“湖南省大宗工业固体废物综合利用示范基地”，打造全国稀贵金属基础材料和功能材料加工生产示范基地。

靠大联强壮大产业链。 鼓励企业强强联合、优势互补、做大做强，创新供应链模式。推广实施“链长制”，分行业编制产业链全景图和现状图，推动补链、强链、延链，构建“结构科学、特色鲜明、绿色低碳、核心竞争力强”的现代产业链体系。

引进2021年世界500强第68名、金属新材料领域排名世界第一的正威集团与鸿福合作、畅越飞平与正和通银业合作，建立危废供应链基地。通过政企合作，盛达资源与金业环保、东江环保与雄风环保、生益科技与鹏琨环保、达刚路机与众德环保实现强强联手，主体企业纷纷实现靠大联强。

金融支撑拓宽资金链。 发改、科工、园区等多部门联手，推广“运作资金（原料供应）＋生产技术管理＋产品回购”模式，引进基金，促进银企合作，发展科技金融业务，缓解企业资金困难。

抢抓国家多层次资本市场建设机遇，引导扶持县内优势企业挺进资本市场。6家投资在10亿元以上的企业已经与上市公司达成合作，2家企业预备独立上市。

科技创新，锻造循环经济倍增器

科学技术是第一生产力，创新是引领发展的第一动力。永兴坚持创新驱动，坚持走“科技创新、绿色环保、精深加工”之路。

健全工业创新机制。 不断完善企业科技创新市场导向机制、产学研协同创新机制和工业领域技术创新投入机制，支持企业开展原始创新、集成创新和引进消化吸收再创新，提升创新能力。

优化科技创新投融资环境，加快科技和金融结合，通过设立科技成果转化基金、科技银行，开展科技成果（知识产权）质押和科技担保服务。以龙头企业、重点片区为依托，探索开展供应链金融、不动产投资信托基金等多种融资模式，强化金融支撑。

加强专利政策与科技、产业等扶持政策的衔接，充分发挥县专利奖的导向作用。激励工业企业开发拥有自主知识产权的专利技术或专利产品。建立行业知识产权维权组织，依法打击侵犯知识产权和制售假冒伪劣商品行为，为企业营造良好的创新环境。

研发新产品新工艺。 积极开展产学研合作，推动校企“联姻”。20 多家稀贵金属骨干企业与中南大学、国防科大等高校和科研院所建立了产学研合作关系，成功开发生产 925 白银、硝酸银、银触头、银浆、银粉、铋合金、钯材等 30 余种深加工产品。突出创新驱动，致力于打造全国稀贵金属新材料精深加工主要基地。腾驰环保与中南大学柴立元院士合作的污酸渣凝胶材料科研平台正式落地；金润碲业与中南大学合作共建的脱砷项目中试取得阶段性成果，为解决冶金行业最认同的砷无害处理难题提供了新模式。永兴贵研生产的1号银经上海黄金交易所白银交割品牌认定。

全县R&D经费占GDP比重年均增长2.2%。累计开发新技术、新产品、新工艺70余项、有效发明专利48项，获评首批“湖南省科技成果转化示范县”。目前，全县拥有高新技术企业56家，省级及以上研发机构3家，市级企业技术研发中心7家，取得国内领先水平以上科技成果21项，通过省科技厅成果鉴定的科技成果11项，拥有专利授权48项。

《铋废料》《硒废料》《碲废料》三个国家标准获批立项，成功创建“省级创业孵化基地”。银精炼、银触头等技术已处于国内同行前列，被省科技厅授予“湖南省高新技术特色产业基地”，被国家科技部授予“国家稀贵金属再生利用产业化基地”。

超细银粉和触头材料以及高纯铋、鑫达银业“1#银”等多个产品被认定为湖南省高新技术产品。“前置氧化双拉制备银基接点技术”和“高效电解银工艺技术及应用”达到国内领先水平。“多金属复杂渣料综合处理工艺及应用”等技术达到国际先进水平。

生态优先，树牢循环经济航标灯

永兴坚持生态优先理念，坚守环保底线，集中整治、规范引导、严格监管，始终把环境保护放在首位。

生态护航绿色发展。 稀贵金属综合回收利用产业是典型的变废为宝循环经济、环保产业，但也有高能耗、易污染等不足。永兴坚持绿色发展，深入开展主导产业绿色转型、国土绿化扩面提质、生活方式绿色低碳、生态系统保护修复等“四大生态文明行动”，持续推进污染防治攻坚战，大力实施重金属污染治理、饮用水源地保护、城乡绿化攻坚、城镇污水处理设施建设等生态工程。

强化固废回收利用。 加强工业固体废弃物高值化处置利用、含钒废催化剂处置利用、废旧锂电池处理技术、含镍危废资源综合利用技术研发，开展低铋物料富集冶炼技术等固废、危废品回收利用、铅铋合金有价成分技术攻坚，优化改进生产工艺，减少冶炼提纯中的废品废气排放，强化循环利用和污染管控。

推广倡导绿色闭环生产，构建绿色工厂。加强大数据、人工智能在金属冶炼行业的融合运用，构建智慧工厂。金业环保公司以“让天下无废”为己任，内部危废利用率达98%以上，成功打造了“环保＋资源＋材料”无废闭合循环生态模式。

金业环保智慧工厂大数据中心

构建“四大”循环体系。严把项目、企业入口关，从产业、园区、企业三个层次严格环评审查。构建完善企业内部物质循环、园区内企业间物质循环、园区间企业物质循环、县域基地内物质循环“四大循环体系”，实现固废危废资源最大化回收利用、终极无害化处理。

探索园区集中治污的新模式。建设了格林美郴州市工业危险废物综合处置服务中心和湖南省第一个废气集中处理站，投资1.8亿元建设了废渣终极处理中心，投资1.2亿元建设了高浓度废水处理中心，全县工业固体废物综合利用率达97%，工业用水重复利用率达99%，废渣、废液、废气均达环保标准。

永兴城南高新污水处理厂

彰显效益，建设循环经济示范区

经过不懈努力，如今的永兴循环经济充分体现技术优势和规模效应，彰显“四大效益”，形成了循环经济“示范区”。

创造财富，凸显经济效益。 稀贵金属综合回收与精深加工产业在国家未投入一分钱的情况下，通过自身发展壮大，创造社会财富逾1000亿元。2020年，稀贵金属产业产值超600亿元，占园区总产值80%，实现税收近10亿元。解决5万多下岗职工和农村剩余劳动力就业，带动了房地产、交通运输、旅游及餐饮等行业的快速发展。

减少采掘，凸显资源效益。 近10年来，永兴从“三废”中共提炼黄金50余吨、白银2万余吨、其他有色金属120

余万吨，白银产量连年稳居全国第一。在较好满足、稳定市场需求的同时，同比减少了4000万吨以上有色金属原矿开采量，为国家储备了大量的战略矿产资源。

节能降耗，凸显环境效益。 利用再生金属是实现节能减排的有效途径。永兴县一年综合回收金、银、铜、铅、锌、铋等有色金属超过16万吨，比从原矿中提炼金属可节约标煤90万吨、节水5263万吨、二氧化硫减排1.5万吨。

敢闯敢试，凸显社会效益。 目前，业界公认的社会层面、区域层面、企业内部三种循环经济模式都在永兴得到了全面诠释。特别是通过工业园区的优势互补、协作配套和骨干企业的技术改造、提质升级，永兴实现了对“废弃物”的多次循环利用，是我国目前利用有色金属“三废”原料手段最多、利用效果最好、综合效益最高的循环经济示范基地。

专家点评

永兴通过体制机制改革和科技创新，让稀贵金属回收提炼这一古老的传统产业熠熠生辉，走上了集群化、生态化、高端化发展大道。生态护航、科技加持，永兴的发展历程正是绿色经济、循环经济的生动写照和成功实践。事实证明，发展经济和保护生态并不矛盾，关键在于因地制宜，运用新理念、新机制、新模式、新科技扬长避短，化害为利，变废为宝，才能实现双赢。在转方式调结构促转型背景下，循环经济无疑是实现绿色发展、高质量发展的有效途径。

绿色韶灌沃湘中

——湖南韶山灌区工程的示范意义

因势利导建设的大型生态水利工程，不仅造福当时，而且泽被后世。

——习近平 2018 年 5 月 18 日在全国生态环境保护大会上的讲话

当我们徜徉在韶山灌区时，映入眼帘的情景让人震撼。此起彼伏的山峦之间，一层层梯田错落有致；一栋栋新居掩映在绿树丛中；一座座雄伟壮观、风格迥异的渡槽横空出世，宛若长天贯白虹；一个个坚实美观的隧洞碧水涌流，不时漾起柔波和浪花……

韶山灌区位于湖南省中部丘陵地带，是一代伟人毛泽东、共和国主席刘少奇、开国元勋彭德怀的故里。韶山灌区工程（简称“韶灌工程”）1965 年 7 月动工，1966 年 6 月建成通水，10 万劳动大军仅用 10 个月的时间就建成了灌区主体工程，创造了水利建设史上的奇迹。韶灌工程是湖南省灌溉面积最大、功能最全、影响最广、文化底蕴最深、综合效益突出的最大引水灌溉工程，被誉为璀璨的“湘中明珠”。50 多年来，韶灌工程润泽潇湘，一直在发挥着巨大的效用。

建设韶灌工程——民之所盼

韶山灌区横跨紫云河、涓水、涟水和靳江 4 个湘江一级支流，其中以涟水流域面积最大。涟水河，发源于湘中新邵县观音山西南麓，经双峰、湘乡、湘潭汇入。历史上沿河两岸旱涝灾害频繁，生态环境恶劣。1644 年至 1949 年的 305 年间，二、三年一小旱，十年一大旱，特大旱灾达 31 次；每当山洪暴发，沿河 15 万亩农田顿成汪洋泽国。

比如，1931 年 5 月淫雨兼旬，山洪暴发，造成特大水灾，虞塘街上 300 余户被淹没。湘乡市淹田 20 万亩，淹死 334 人，灾民外逃43632人。而每年7至9月经常出现高温期，基本无雨或极少降水。从1317至1949年632年中，据不完全记载，旱灾66次，其中特大旱灾2次，大旱灾50次，史志记述，“田禾枯死，饿殍遍野”“易子而食”。经常水旱成灾，严重影响农业生产的发展和当地人民的生活。

新中国成立以来，大力兴建水利，在韶灌流域，建有中、小型水库127座，塘51716口，坝3911座，有效库容达2.4亿立方米。但由于分布不均，复蓄次数低，远不能满足农业生产发展的需要。特别是高地农田所占比重大，少数虽可由河流给水，但扬程较高、效力低下，大部分主要由小水库和山塘灌溉，这些工程水源不足，抗旱能力低，无法确保农田灌溉需要。

湘潭县内因年降水量集中，常有山洪暴发而成灾。又因境内湘江和涟、涓水下游河床下降平缓，受洞庭湖水上托的影响，汛期，县内外大面积积水在此汇集，形成大流量、高水位的洪水，防汛压力大，容易酿成灾害。

1958年，为彻底解决涟水流域的水利问题，湖南省委批准水府庙水库和水府庙灌区的兴建。同年9月，水府庙水库大坝动工。第二年9月，水府庙水库建成后，库容量达到了3.7亿立方米。由于当时遭遇国民经济最困难时期，灌区工程被迫停工。

到了20世纪60年代初，灌区流域扩种双季稻，需水与缺水的矛盾更加突出。群众迫切要求重修灌区，改善生态环境，促进农业稳产高产。1965年3月，中共湖南省委、省政府作出了重修灌区建设工程的决定，并正式取名为“韶山灌区工程”。

建设韶灌工程——玉汝于成

面对建设时间紧、工程任务重、施工难度大等困难，在党和国家的正确领导和大力支持下，中共湖南省委、省政府科学规划、果断决策，动员了十万建设大军，以排除万难的勇气，傲雪欺霜、战天斗地，在短短10个月就完成了韶山灌区主体工程建设任务，谱写了一曲曲可歌可泣的英雄赞歌。

科学规划，擘画美好蓝图。1965年3月重修韶灌工程时，国家刚刚经历三年自然灾害，虽然经过两年调整国民经济得到恢复发展，但经济仍然比较困难、物资比较贫乏，而灌区工程又是政治影响大、施工难度大、参与人员多的综合性水利工程项目，为了高标准地完成建设任务，湖南首先进行顶层设计、科学规划。

在规划设计中做到了几个结合：在设计理念上，实现兴修水利、保障水安全与改善生态环境、保障民生相结合；在整体治理上，实现治水、治山与造田、植林相结合；在综合利用上，实现灌溉、防洪、供水与通航、发电、养殖相结合；在价值取向上，实现经济效益与社会效益相结合，眼前利益与长远利益相结合。通过科学规划，为韶山灌区描绘了美好发展蓝图。

艰苦奋斗，造就韶灌精神。韶灌工程需劈开110多座山头，跨过90多条河谷，越过10多处公路、铁路。在当时物资十分匮乏、技术设备落后、地质地形复杂的条件下，为了如期高质量完成工程任务，十万民工胸怀壮志，风餐露宿，日夜奋战，用铁镐、锄头和两齿锄等简单工具，凭着一颗红心，一双巧手，在 10 个月的时间里完成了举世瞩目的韶灌工程，包括引水枢纽——洋潭水库、总干渠、北干渠、左干渠、右干渠等渠道工程和洋潭引水枢纽、飞涟灌万顷渡槽等多个单体项目。

洋潭大坝、飞涟灌万顷渡槽航拍图

在建设过程中，出现了许多可歌可泣的人物和感人肺腑的事迹，建设民工被人们称为“十万英雄”“十万愚公”，为后人留下了艰苦创业、无私奉献、攻坚克难、勇于创新的韶灌精神。

利在千秋，建设绿色韶灌。韶灌工程在规划建设中始终贯彻综合治理方针和绿色生态理念，将绿化美化纳入灌区规划，统筹推进山、水、林、田、湖、路综合治理，确保韶山灌区工程建成后，既能发挥灌溉、防洪排涝、发电、供水、养殖、航运等综合效益；又能涵养生态、改善环境，造福子孙后代。

在工程建设中，广泛发动群众，在干渠两岸植树造林，实行乔、灌、杂相结合，用材林、经济林、果木林相结合。通过植树造林，干渠绿树成荫、变美了，也更牢固了，人们喜赞：“百里渠道百里林，树绿渠固水长清。”2000 年 3 月，全国绿化委员会授予该灌区“全国绿色通道示范段”的光荣称号。

十万民工艰苦奋斗建灌区

绿色韶灌美如画

建设韶灌工程——福泽后世

韶灌工程是社会主义水利工程经典，是一座文化内涵丰富的巍峨丰碑，蜚声海内，扬名天下。她既是物质财富，又是精神财富；既有历史意义，又有现实意义，福泽后世，利在千秋。

韶灌工程是造福一方百姓的民生工程。灌区渠道交错绵延180余公里，跨越娄底、湘潭、长沙三地七县（市），是流域内最重要的水利生命线，是工农业稳产增产的屏障，是300万人民群众的生活补给水源。

韶山灌区的修建使当地极大地增强了抵御自然灾害的能力，这一地区在随后的时间里再也没有经受过水、旱等灾害，人民安居乐业；工农业生产快速发展，旅游业也随之兴盛，极大改善和提高了当地人民的生活水平。可以说，它的成功修建造福了百姓，改善了民生。

韶灌工程是带动湘中崛起的生态典范。如今，韶山灌区生态良好、环境优美，群峦叠翠、水如明镜，空气清新、景色宜人，水利风光、田园风光和自然风光交相辉映，连通韶山旅游区、大东山旅游区、水府庙旅游区和彭德怀纪念馆，构筑全域旅游中重要的生态绿道和纽带，带动湘中崛起。

灌区践行“绿水青山就是金山银山”的发展理念，打造韶灌独有的“绿色经济”。全国众多高等学校也以韶山灌区为教学基地，成了将教学、科研、生产相结合的可持续发展的生态典范。

韶灌工程是助推乡村振兴的坚实基石。乡村振兴离不开产业振兴，产业振兴离不开水资源的合理利用。韶山灌区平均每年提供农业灌溉用水 4.4 亿立方米，2019 年，韶山灌区灌溉水有效利用系数达 0.5445，位居湖南全省大型灌区第一，被评为全国“灌区水效领跑者”，灌区工程为粮食“双稳”发挥了保障性作用。东郊、泉塘、姜畲、银田、梅林桥等现代农业示范园均依托灌区而建，形成了集聚效应和示范效应，有效促进了现代农业发展。

同时，利用韶山灌区独特的水利工程、自然生态和红色文化等资源优势，积极推进韶山银河旅游区和韶灌水利小镇建设，促进了休闲农业、乡村旅游、运动休闲及农产品加工等特色产业的发展。

韶山灌区向世人展示了一个已经实现了的“水之梦”“乡村梦”，并将造福千秋万代。

韶灌工程是弘扬先进文化的重要载体。韶灌工程是领导人魄力、魅力和老百姓智慧、汗水的结晶，是一座艰苦创业、团结战斗的精神丰碑，留下了内涵丰富的韶灌精神文化遗产，是爱国主义教育、党的群众路线教育、党史学习教育、水利科普教育的重要载体。

全国人大代表、步步高商业连锁公司董事长王填说，“记得我们很小的时候，课本里面有那个插页，是当年建设韶山灌区的如火如荼的情景，对我们这一代人来说，有非常深刻的记忆。”他认为韶灌工程既是一个现代灌区的示范工程，同时又是一面精神旗帜，应该让后代继承和发扬。

韶山灌区陈列馆

一代人有一代人的使命，一代人有一代人的担当。如今，建设韶山灌区的接力棒，已交到新一代韶灌人的手中，“韶灌精神”也代代相传，融入新一代灌区人的血液中，历久弥新，生生不息。

专家点评

韶灌工程是我国水利建设史上的奇迹，是一座文化内涵丰富的巍峨丰碑。她极大地改善了生态环境，保障了水利安全，促进了经济发展，维护了社会稳定，体现了以人民为中心的思想，形成了韶灌精神。韶灌工程的建成，既有历史意义，又有现实意义；既是物质财富，又是精神财富。韶灌工程已成为带动湘中崛起的生态典范、助推乡村振兴的坚实基石，将持续发挥效益并造福子孙后代。

法治守护生态美

——湘西州立法保护生物多样性的可贵探索

加快国家生物多样性保护立法步伐，划定生态保护红线，建立国家公园体系，实施生物多样性保护重大工程，提高社会参与和公众意识。

——习近平 2020 年 9 月 30 日在联合国生物多样性峰会上的讲话

湘西位于湖南省西北部，辖7县1市115个乡镇（街道），辖区面积1.55万平方公里，总人口300万人，其中以土家族、苗族为主的少数民族占80.84%。

湘西是习近平总书记精准扶贫重要论述的首倡地，是长江经济带重要生态安全屏障，拥有自然保护区32个，森林覆盖率达70.24%。湘西还是国家重点生态功能区、全国生态文明示范工程试点地区和国家森林城市，是全国罕见的自然资源富集地，被誉为“野生动植物资源天然宝库”和“华中动植物基因库”。

大美湘西，驰名中外。这里，奇山秀水，风光旖旎，是蜚声海外的旅游胜地；这里，民风淳朴，文化独特，是引人入胜的文化秘境；这里，万物繁衍，共存共生，是难以复制的基因宝库。

基因宝库面临威胁

万物共生彰显生态美。湘西地处“武陵山区生物多样性保护及水土保持生态功能区”，是国家划定的35个生物多样性保护优先区域之一，森林覆盖率达到70.24%。

拥有古丈毛尖、黄金茶、湘西黑猪、湘西黄牛、武雪山羊、湘西呆鲤、湘西大鲵、药用植物等众多、独特的动植物资源及生物遗传资源，物种丰富、品种奇特，诞生了236个国字号生态文化品牌。

湘西素有“华中生物基因库”“野生动植物资源天然宝库”

和“生物科研基因库”的美誉，是我国具有全球意义的 17 个生物多样性关键地区之一。万物繁衍共生，彰显湘西生态之美。

古丈毛尖

然而，近些年来，由于在发展经济、发展旅游和扶贫开发的过程中，忽略了生物多样性的保护，对万物共生的多样美构成了威胁。

有的基础设施建设破坏了生物栖息地，改变了生态环境，压缩了生物栖息空间；滥食野生动物、随意加工野果野味消减了生物种群数量，危害了生物的生存和发展。

有的产业开发项目破坏了生态平衡，导致物种失衡异化；有些旅游开发项目切断了生物迁徙廊道，破坏了物种赖以生存的自然环境。

有的地方为了短期经济利益，急功近利，过度开发利用自然资源，野生生物生存繁衍空间日渐压缩，生物多样性面临日益严重的人为威胁，大美湘西基因宝库遭遇危机。

群众要脱贫，乡村要振兴，经济要发展，这是时代的呼声，必须做实做快做好。但这与生态保护并不矛盾，关键是要用科学的理念、方法来推进。

立法守护破茧而出

面对严峻的形势，湘西决策层深入学习贯彻习近平生态文明思想，通盘谋划生态保护和永续发展等问题。

各界人士纷纷就保护生态、维护生物多样性建言献策。

“要加强宣教引导”“依法打击破坏生态的行为”“加强项目建设环评”“强化监管，提高违法成本”“发展循环经济”……各种建议中，“法”成为一个高频词。然而，问题来了，缺“法”可依——符合湘西实际的生物多样性保护和管理缺少有效的法律依据，不利于生态环境保护和生物遗传资源的可持续利用。

事实证明，在经济利益诱惑与驱动面前，只有宣教和引导是不够的，必须高悬法律这把达摩克利斯之剑。法治守护生物多样性迫在眉睫。

心动不如行动。湘西作为湖南省唯一既享有民族自治法规立法权，又享有地方性法规立法权的市州，根据生物多样性保护和管理的实际需求，开始推动保护生物多样性立法。生物多样性地方立法更首开全国地级市立法先河，湘西成了敢于探索的先行者。

践行民主立法。2017 年，州人大常委会将州生物多样性保护立法列入重点立法计划，开启了生态环境建设和生物多样性保护法制化新征程。

通过实地调研座谈、网上征求意见、立法听证、专家论证等形式广泛听取意见和建议，分析问题成因，征求社会公众的建议意见，探寻问题的解决之道。充分听取了州人大法制委、城环委、州司法局及州直相关部门、试点项目县企业、社区代表及相关单位等各方面的意见。

举行《条例》草案立法座谈会议 10 余次，举行《条例》草案听证会 1 次，让代表与公众更广泛地参与到立法中来。

注重科学立法。《条例》尊重自然规律和生物多样性发展趋势，立法原则和框架注重生态系统、物种、基因内在关系和自然逻辑，强调生物伦理和安全。

为提高立法质量，《条例》先后邀请了中国政法大学、中央民族大学、吉首大学相关专家和湘西各县市人民政府、州直相关单位以及相关企业代表参与立法。

坚持依法立法，在立法原则、程序和内容上，严格遵循相关规定和有关上位法精神。《条例》目前无上位法支撑，在省级层面，仅云南省制定了《云南省生物多样性保护条例》。

湘西在全国设区的市（自治州）层级率先探索制定生物多样性保护地方性法规，符合《中华人民共和国立法法》规定，属于设区的市（自治州）人民代表大会常务委员会立法范畴。

严格程序立法。生态环境领域法律法规繁多，更新速度快，业务专业性强，立法任务艰巨。起草过程中，州生态环境局在地方立法中的专业作用得以强化。

先后实地调研 10 余次，政府部门、人大有关专委会和法制委、州生态环境局各管一段的“接力赛跑”变为各方参与的“长跑”。先后形成《条例》草案 8 版。

经湘西州人民政府常务会审议后，州十四届人大常委会分别于 2019 年 10 月 28 日，2020 年 4 月 29 日、6 月 22 日第十九次、二十三次、二十四次会议对《条例（草案）》进行了三次审议。

2020 年 7 月 30 日，湖南省十三届人大常委会第十九次会议高票通过了《湘西土家族苗族自治州生物多样性保护条例》。至此，一部保护生物多样性的地方法规在大美湘西落地生根。

这标志着湘西生物多样性保护迈入了法治新轨道，强化了法理保障，是湘西生态文明建设的重要成果。

湘西黑猪

“尚方宝剑”保驾护航

《湘西土家族苗族自治州生物多样性保护条例》全文共二十七条，既遵循了生物多样性保护相关上位法的共同精神，又体现了湘西的地方特色。明确界定了保护什么、谁来保护、怎么保护等问题，破解了缺法可依的难题。

明确立法目的和原则。《条例》明确立法目的为“保护生物多样性，推进生态文明建设，实现人与自然和谐共生”。明确生物多样性定义为“动物、植物、微生物及其所拥有的遗传基因以及它们与其生存环境形成的复杂的生态系统，包含生态系统、物种和基因三个基本层次”。

明确生物多样性保护基本原则为“保护优先、持续利用、科学管理、惠益分享”。

明晰主体职责。生物多样性保护需要多部门分工合作，密切配合，权责清晰。为此，《条例》明确州、县（市）人民政府对本行政区域内生物多样性保护负责。州人民政府生态环境主管部门对生物多样性保护的统筹协调和综合管理负责。州、县（市）人民政府林业、农业农村、水利、住房和城乡建设、自然资源和规划、卫生健康等主管部门对生物多样性保护实施监督管理。

形成了政府负总责、生态环境部门协调综合、相关部门联动监管、奖惩兼施的生物多样性保护工作格局和机制。

突出全过程、全方位保护。生物多样性保护点多线长面广，只有全过程、宽领域保护，才能取得实效。因此，《条例》明确了生物多样性保护规划编制、资源本底调查、信息管理、保护名目建立、保护评估和督查等保护措施。

湘西大鲵

规定了生物遗传资源及相关传统知识的获取与惠益分享原则、制度及法律责任。覆盖了从保护对象到开发利用的生物多样性保护全过程。

提出建设保护场地、防范外来物种入侵、建立资源获取和利用评估体系、开展动态监测、建立监测网络体系和预警机制。特别对境内外组织或个人关于野生生物物种的采集等行为作出了明确规定，具有很强的现实意义和深远影响。

对划定生物多样性保护优先区域、加强工程项目环境评估、修复已破坏或退化的生态系统等方面作出了明确规定。

多渠道筹措资金。资金是做好生物多样性保护工作的重要保障。《条例》从完善资金投入、落实生态环境损害赔偿制度和生态保护补偿制度、支持社会资金参与等角度提出了资金筹措途径。

明确惩戒措施。强力处罚措施是强化法律威慑的必备条件，为此，《条例》提出建立生物遗传资源利用失信名单制度，将各类失信行为主体纳入全国信用信息共享平台。对违规输出生物遗传资源和履职不力行为追责惩戒。

坚持保护和开发利用相结合。保护和开发相结合，能够有效促进生物多样性保护工作的可持续发展，因此，《条例》鼓励对重要的原产或者特有的具有重大价值潜力的野生生物遗传资源、农业遗传资源和相关传统知识进行开发研究和可持续利用。

明确了自然资源资产产权归属和权益分配机制，规定了惠益分享制度的基本原则、价值导向和实践流程。

凸显地方特色。湘西物种奇特，古丈毛尖茶、保靖黄金茶、湘西浦市铁骨猪和芙蓉资源黑猪四个项目代表湖南入选全球环境基金“建立和实施遗传资源和相关传统知识获取与惠益分享国家框架”项目，是湘西生物多样性典型代表。《条例》规定的生物多样性相关传统知识、方法、技能的保护以及获取和惠益分享制度，就是针对这些独有生物资源的保护和开发而作出的制度性安排。

法治驱动初显成效

《条例》实施以来，湘西生物多样性保护走上了法治轨道，为生态文明建设积累了法治经验。

积累了经验。湘西是全国332个地级行政区划中第一个颁布生物多样性保护条例的市州。《条例》的出台，为全国地市层面生物多样性保护探索了道路，积累了经验，树立了榜样。有利于将湘西打造成全国生物多样性保护优先示范区。

达成了共识。《条例》生效以来，湘西通过报纸、电视、广播、互联网媒介等各类传媒广泛宣传《条例》相关精神和规定。利用各类旅游节会、经贸洽谈会、民族特色节会、科普宣传周等场合宣传普及生物多样性保护的重要意义和具体规定。加强对机关事业单位、旅行社、学校、社团、村民等群体的宣教，使更多的人知晓《条例》，提高了对保护生物多样性的认识。

健全了法治。《条例》的颁布，促进了生态文明建设法治体系化建设。湘西先后出台了《湘西州酉水河保护条例》《湘西州高望界国家级自然保护区条例》，印发了《湘西自治州环境保护实施细则（试行）》，基本形成了保护生物多样性的法律制度体系，夯实了生态文明建设的法治保障。

促进了文明。《条例》的施行，强化了人与自然和谐共生理念。增强了人们生物多样性保护意识，促进全社会关注并参与生物多样性保护，坚守自然生态安全和生物安全的底线。有利于改变滥食野生动物陋习，在更宽领域和更大力度上实现人与自然和谐共生。助推湘西成为全国30个少数民族自治州中第一个荣获“国家森林城市”称号的城市，湘西地质公园成功申报世界地质公园，成为我国第40个世界地质公园。

为更有效地推进《条例》落地执行，湘西在省里的指导下正在制定《条例》实施细则，对一些细节问题、具体环节、认定标准、操作方式、量度空间等加以更科学、可行的规定，提高《条例》执行效能。

湘西美景

专家点评

生态文明建设是一项复杂、长久的系统工程，需要最严格的制度、最严密的法治保驾护航。关键在于能否增强法治意识，主动作为，科学立法，严格执法。湘西率先立法保护生物多样性，为生态文明建设锻造法治伟力，取得初步成效。从这个意义上讲，湘西的实践既体现了保护生物多样性的历史担当和长远考量，又为全国类似地区推进生态文明建设、统筹经济发展和生态保护提供了湘西经验，贡献了湘西样本，值得借鉴推广。

建设美丽乡村

千年瑶寨的华丽变身

——江华县桐冲口村打造美丽乡村纪实

要加快推进乡村振兴，立足农业资源多样性和气候适宜优势，培育特色优势产业。要以实施乡村建设行动为抓手，改善农村人居环境，建设宜居宜业美丽乡村。

——习近平 2021 年 3 月 22 日至 25 日在福建考察时的讲话

这里，是潇水的源头，与粤桂交界的“湘尾”之地，有着千年时光记忆的高山瑶寨。

过去，这里山高路远，道阻且长，是一个偏僻、落后的穷山村，曾经是“国家级贫困村”。

如今，这里是国家 3A 级旅游景区，中国少数民族特色村寨，全国文明村，中国最美宜居村庄，国家级非物质文化遗产《盘王大歌》《瑶族长鼓舞》传承基地，湖南省美丽乡村建设示范村、省级村集体经济强村……

如今，行走在桐冲口，自有“碧水青山绕，人在画中游”的美感，竹排漂流、平台亲水、休闲垂钓、原生态美食、神秘瑶文化，让你流连忘返……

辛丑盛夏时节，我们走进江华瑶族自治县湘江乡桐冲口村，探寻千年瑶寨变身美丽乡村的奥秘。

夕阳下的桐冲口村

一方水土养不活一方人的高山瑶寨

桐冲口村，倚潇湘四县，接粤桂两省，是一个以过山瑶为主的少数民族聚居村寨。

这是一个绿水青山环绕的小山村。

环绕桐冲口村的山岭，草密林深。山上，云海、流泉、飞瀑、原始次森林，目不暇接。山中，杉木、斑竹、方竹和香草丰富茂盛，野猪、麂子、短尾猴等野生保护动物，随处可见。山下，古老的吊脚楼、木板房，记录了千年瑶寨的历史轨迹。穿村而过的麻江河，掬，可当饮；照，可为镜。河底鱼石，历历可数，鱼跃鸟飞，如梦如幻。

这也是一个偏僻闭塞的穷山村。

桐冲口距县城沱江虽然只有 70 余公里，出山可不容易。山环水绕，上山，进山，下山，出山，进一趟县城，要环环绕绕 300 多个弯，花上三个小时。

就是这样一个偏远的山村，170 户 640 人，散落在海拔 800 多米的大瑶山腹地。全村总面积近 2 万亩，可用耕地面积仅有 139 亩，人均耕地面积仅为 0.23 亩，余下的皆是山林、山地。

“原来这里只是一个瑶山深处的小山村，全村地处高寒山区腹地，靠山吃山也养活不了所有村民。”村里负责人对自己的村了如指掌。“一年全村耕地生产的粮食只够吃 3 个月，剩下的 9 个月需要买米度日。”

这是一个“一方水土养不活一方人”“种金子都不会脱贫的”地方，很多人迫于生计背井离乡外出打工。

由于高寒偏远，自然条件恶劣，耕地面积小，多年来，贫困一直困扰着这里。全村建档立卡贫困户 97 户 402 人，占全村总户数的 61%。2017 年以前，这里一直是“国家级贫困村”。

“千年瑶寨”变身“美丽乡村”

变化的发生，从 2015 年开始。这年 4 月，湖南广播电视台的扶贫工作队进驻桐冲口村，为该村的发展注入了新的活力。

桐冲口村有上千年的历史，有着优良的生态环境和浓郁的瑶族民俗文化。难能可贵的是，扶贫队在江华县委、县政府的支持下，对桐冲口村的定位把握很准。

美丽乡村，规划先行。 扶贫队进驻桐冲口村后，以瑶族文化与宜人的自然环境为依托，聘请华南理工大学设计团队按照 4A 级乡村旅游景区标准进行规划设计，以瑶族文化、生态休闲为核心，集瑶族文化体验、滨水生态休闲、梯田生态休闲、养身康体娱乐、节事庆典活动、文化影视拍摄等多功能于一体，形成“一心一带三片区”空间布局，全力打造“勉瑶千年古寨”。

整合资金，联动建设。 江华县整合各类资金4000余万元，推进桐冲口村美丽乡村建设。完成植树造林800亩、道路新建硬化2.5公里、拆除各类零乱建筑50多间，完成30栋特色瑶居、“桐冲口村千年瑶寨”门楼、篮球场和观赏鱼池等项目建设，完成农村电网升级改造，实现道路到组硬化率、农户安全饮水率、网络和电话入户率、有线电视入户率均达100%。

综合整治，全民参与。 村支两委和村民理事会将保护绿水青山和保持村容村貌整洁的义务列入村规民约。推行村民门前屋后承包制，完成村民住房庭院改造20户，清除了村内所有旱厕、灰棚，柴堆整齐，全部家庭完成水冲式厕所改造。实施亮化工程，安装路灯、景观灯300盏、景观灯带1200米，挂置灯笼1600个。建有满足日居3000人用水规模的人工湿地污水处理系统，配备5名保洁员，实现了垃圾分类、每日清运、集中处理。

桐冲口村变了。2017年实现整村脱贫，戴在桐冲口村近千年的贫困帽终于被甩掉了。千年瑶寨的迎客大门，水清见底的麻江河，古色古香的风雨廊桥，被保护起来的金丝楠……这些让人欣喜的变化，让今日的桐冲口村成为远近闻名的湖南省美丽乡村。

千年瑶寨一隅

“千年瑶寨”成了生态文化旅游打卡地

靠山吃山，是高寒山区少数民族的传统生存方式。可是由于自然条件的限制，传统的靠山吃山模式无法摆脱贫困。绿水青山如何变成金山银山？桐冲口村给出了答案。

桐冲口村山环水绕，民风淳朴，瑶族风俗千年积淀，这是不可多得的资源。扶贫队和县里给桐冲口村做了一个长远的旅游规划，打造“千年瑶寨”生态文化旅游品牌。

乡村旅游，需要有自己的特色和亮点。该村赋予“千年瑶寨”更多内涵，把“千年瑶寨”做成一个更好吃、更好喝、更好看、更好玩、更好睡的地方。先后投入近千万元帮助村里建设了游客中心、夷勉堂（瑶韵活动广场）、风雨文化长廊、马道、漂流码头、滚水坝、景观亭、房屋立面改造等，打造了滨江风光带。

依山而建的“小别墅”，是依照瑶族吊脚楼的风格，在易地搬迁政策帮助下建设而成的。一层自住，二层以上交由村旅游公司改造成民宿，实行统一管理和经营，公司和村民按 3∶7 的比例分成。“一到节假日客房基本上都会住满，这一块一年就能分红近 2 万元。”房子的女主人高兴地告诉我们。

易地搬迁让瑶民住进了新房，他们将原来的木板房、冲墙屋交给村旅游公司处理。经过翻新和集中处理，改造成民宿、餐馆和特色陈列展示馆，这些保持高山瑶原生态风貌的传统古民居，成为乡村旅游的一大亮点。

做乡村旅游，游客来了只是表象，村民富了才是根本。中午时分，村风雨文化长廊内，长桌宴依次摆开，在响亮的瑶歌映衬下，八人一桌的五色圆箕宴摆了四十多桌，仅此一项就可以带来收入 2 万余元。五色圆箕宴从食材到人工全部由村民提供，所有收入基本实现村内循环分配，基本可以算作纯收入。

瑶山有饮酒的习俗，也有酿酒的好手艺。在村后的大山上，有数十个藏酒的窑洞。“村旅游公司每年酿酒 2 万公斤左右，公司窖藏储备一部分，一部分直接销售给顾客，有的顾客购买后委托村里窖藏，公司适当收取管理费，目前已窖藏 5 万多公斤。”村主任郑江涛表示，普通米酒只有几元一斤，但是窖藏一年后，价值最少翻倍。村里还注册了“醉喜多”商标，提升产品知名度和认可度，多年后村里的集体资产将会得到显著提升。

在桐冲口村，酿酒的远不止村旅游公司。村歌舞队队长郑琼表演歌舞之余，主要的收入也是酿酒。“每年能卖几万斤，纯收入接近十万元，歌舞表演更多是做贡献，表演一天补贴 30 元，一年不到一千元，主要是为了将村里旅游做旺，只有旅游旺起来，生意才能火起来。”山里的瑶民，已经不再闭塞，有了更开阔的视野，更长远的思考。

围绕旅游产业发展，桐冲口利用本村山场、水域，发展特色产业，引导农户养殖藏香猪 500 余头、黑豚 2000 多只，种植山楂 35 亩、火龙果 15 亩、百香果 21 亩。笔者就在村里瑶民家买过当地原生态种植的火龙果，是我吃过的最纯正、最好吃的火龙果。

该村还充分利用村里的林木、奇石资源，开发具有瑶族特色的竹木工艺品、奇石、根雕产品，利用本地特有的香草、厚朴等植物制作香囊等，制作瑶家腊肉、十八酿、山笋、野菜等具有瑶家风味的特色产品。旅游产品丰富了，游客选择的机会多了，瑶民增收的渠道也多了。

目前，全村旅游从业人员达 300 多人，年接待团队和自驾游客达 10 万人次，村民旅游服务收入 300 多万元，村民人平纯收入达 16000 余元。

如今，桐冲口已经成为国家级非物质文化遗产瑶族《盘王大歌》《长鼓舞》传承基地。走进“千年瑶寨”桐冲口村，火热的乡村旅游景象映入眼帘，“千年瑶寨”正以崭新的面貌迎接来自四面八方的游客，诉说着瑶寨独特的文化魅力。

桐冲口村瑶韵活动广场的瑶族《长鼓舞》表演

“千年瑶寨”华丽变身的经验与启示

通过易地扶贫搬迁，发展特色产业，挖掘瑶族文化，发展乡村旅游，桐冲口这样一个穷乡僻壤的小山村，已经发展成为湘粤桂三省边界千里瑶乡脱贫攻坚中的美丽乡村新典范。探寻其变迁的轨迹，以下经验和启示值得借鉴。

启示之一：坚持以人为本的初心使命，赢得了村民的真心。 人多耕地少，劳动力短缺，市场意识差，生活与生产方式都很落后，是当时桐冲口的现实困境。扶贫队和村班子坚持以人为本，牢记初心使命，真心帮助村民脱贫，真扶贫、扶真贫。

为打消村民不懂经营的顾虑，扶贫队帮助村里成立“千年瑶寨专业种植合作社”。为解决村里耕地少的问题，大胆探索了“飞地经济”模式，在距离桐冲口村100多公里外的铜山岭租赁200亩土地，发展小黄姜种植产业。在看到了实实在在的效益后，村民从“跟着干”转变为“我要干”，村民的积极性被调动起来了。

人心齐，泰山移。桐冲口村的旅游，依靠的也是广大村民们齐心合力。因为要建房子，后山的祖坟要全部迁走。村里提前开了动员会，2017年农历正月十九，全村人统一迁坟，没有一户推辞，这在全国都是少见的。迁坟那天，村第一书记郑艳琼感动得流下了眼泪。

启示之二：有一条符合实际的发展思路，奠定了发展的基础。 有了国家精准脱贫的好政策，还要有一条切实可行的好路子。桐冲口村牢固树立“绿水青山就是金山银山”的理念，坚持生态优先绿色发展，制订了“产业强村、项目兴村、示范带村”的发展思路，赋予具体的内容，一步一步地落实。

从探索飞地经济到发展特色种、养殖业，从专业的乡村旅游规划到瑶族特色村寨的建设，从2017年桐冲口整村脱贫到创建国家3A级景区、成为湖南省美丽乡村示范……每一步都久久为功、抓铁有痕，才取得今天这样的效果。吃起“旅游饭”的村民每每想到过去山里的艰难和枯燥，总是满脸含笑：“是国家的好政策，是扶贫工作队，带我们走上了致富路！”

启示之三：有一套村民创造的运行机制，激发了内

生的动力。 该村在明晰林地归属、保护绿水青山、保持林地用途不变的前提下，稳妥开展林地股份合作制经营。股权种类、股权占比及折股量化明确到人、落实到户。出台了股权确认、变更、退出、继承、转让等管理办法，防止“少数人”说了算，也防止“多数人”侵占“少数人”利益。规范集体资产资源处置、承包、流转等程序，明确组织成员参与管理、监督的权利。

组建千年瑶寨旅游服务管理中心，实行“公司＋农户”模式，全体村民为社员，各户开办服务行业，由公司统一经营管理，涉及宾馆、餐厅、旅游产品、民俗表演、游乐等服务行业，游客吃饭、住宿、观看民俗表演、游乐等，由公司统一组织，统一收费，所得收入由公司与农户按比例分配。公司旗下开办的宾馆、商铺的收入和按比例分配所得的收入，除用于公司管理和景区运行费用外，其余收入全部用于村民分红。这些由村民发明创造的经营模式和运行机制，使桐冲口获得了持续稳定发展的内生动力。

启示之四：有一个坚强有力的村级班子，提供了组织的保障。 村里要富，班子开路。村里的第一书记郑艳琼，原本是江华县民族文旅广体局的纪检组长，一直从事自己喜欢的瑶族研究工作，出了 6 本瑶学著作。2015 年 10 月，她正式辞去单位职务，回到生她养她的桐冲口村投入扶贫工作，决心用后半辈子，尽全力写好扶贫这一本书。

现任村主任郑江涛，是村里走出去的人。闯荡多年，见识广，能力强，当时已经在广东一家公司做到了主管的位置，月薪 8000 余元。回来就算当上村主任月薪还不到 2000 元。2016 年过完 40 岁生日，在扶贫队的动员下，他选择了归乡。2018 年换届时当选为村主任。

作为村里成长起来的带头人，他深知山里村民普遍文化水平较低，大多小农意识强烈，大多抱有“小进即满、小富则安”的保守心态，要转变观念、形成共识何其艰难。他们从自己做起、从身边做起、从点滴做起，赢得了群众的爱戴和拥护。

家乡的蜕变，这些村级班子骨干，不单是见证者，更是重要的参与者和推动者。桐冲口村实现整村脱贫，村党支部由“软弱涣散”党支部发展成为先进党支部，桐冲口村成为推进美丽乡村建设的样板。

千年瑶寨开门迎客

夜幕下的桐冲口，麻江河静静在身旁流淌，长廊蜿蜒，宽敞的瑶韵广场上，人们欣赏着长鼓舞，打糍粑，吃长龙宴，喝瓜箪酒。古朴的瑶家吊脚楼前，光影在檐下墙角随风摇曳，桐冲口村的美景印在了外来游客的脑海中……

专家点评

地处高寒山区的桐冲口村，通过易地扶贫搬迁，发展特色产业，挖掘瑶族文化，发展乡村旅游，成为远近闻名的美丽乡村新典范。牢固树立“绿水青山就是金山银山”的理念，制订符合实际的发展思路和规划，尊重村民创造的运行模式和管理机制，配好一群扎根乡村真心扶贫的带头人，是桐冲口村的成功经验。“千年瑶寨”变身“美丽乡村”，为乡村振兴提供了示范路径。

如何把“贫脏乱”变为“富净美”

——常德市鼎城区草坪镇三角堆村的今昔巨变

实施乡村振兴战略，是党的十九大作出的重大决策部署，是新时代做好“三农”工作的总抓手。各地区各部门要充分认识实施乡村振兴战略的重大意义，把实施乡村振兴战略摆在优先位置，坚持五级书记抓乡村振兴，让乡村振兴成为全党全社会的共同行动。

——习近平 2018 年 7 月 5 日对实施乡村振兴战略作出重要指示

漫步常德市鼎城区草坪镇三角堆村，洁净的柏油村路，将山林湖泊、田园房屋串成线连成面，勾画得错落有致。伴着微微清风，花香鸟语扑面而来，一幅“宜居、宜业、宜游”的大美乡村画卷徐徐展开。

三角堆村位于常德市鼎城区城郊接合部，现有人口 1960 人，土地面积 9.8 平方公里。207、319 国道依村远延，常德德山经济开发区相邻相伴，空港桃花源机场眺望可见，常长、常张高速枢纽近在咫尺，距常德火车站仅 10 公里之遥，出入省城长沙半日即可轻松返程。

2014 年以前，三角堆村还是一个贫困村，有贫困户 85 户，贫困人口 276 名。产业单一，环境脏乱，村道狭窄，以沙土路为主，晴天一身灰，雨天一身泥，不少村民住房破旧不堪，有的饮水困难，有的村民因病一贫如洗，他们的孩子也面临辍学。老百姓形象地写了首打油诗：“三角堆村山冲多，白色垃圾倒山坡，污泥浊水随处流，环境管理无着落。”

2014 年，扶贫工作队入驻三角堆村，大力治贫、治乱、治脏，与全村党员干部一道，充分利用本地人文资源，因地制宜发展特色产业。转眼几年后，通过全村党员干部群众的努力，三角堆村传来了成功脱贫的喜讯，实现了由“贫脏乱”向“富净美”蜕变，也实现了由贫困村向幸福村的跨越式发展，被授予全国乡村治理示范村、国家森林乡村、湖南省美丽乡村建设示范村等光荣称号。

治理环境，美化村容村貌

环境美，既是生活需要，也是生产需要。2018年以来，三角堆村积极响应常德市人居环境整治的号召与要求，秉承“生态宜居”要求，坚持以民为本，整治村容村貌，村民获得感、归属感和幸福感快速提升。

采取“乡贤捐赠资金、政府支持资金、村民自筹资金”方式，着力推进环境整治。对沿村主干道进行绿化、美化并疏浚沟渠，切实解决老百姓出行困难和农田灌溉问题。

对全村脏乱差的现状进行“三面五清”全覆盖整治行动，开展全村路面清扫、水面清洁、墙面清理、垃圾清运、违建清除。村里统一为农户发放了垃圾分类桶，要求农户做到“生活垃圾分级处理，建筑垃圾清运处理，养殖污染净化处理”。把“生态宜居”与“乡风文明”结合起来，制定村规民约，成立以老干部、老党员为主要力量的村爱卫协会，每月定时三次对全村人居环境整治的效果与变化进行到组到户的评分定级检查，次次评比张榜公布，对好的典型大力表扬，对多次评比检查不合格的提出批评教育，并责令整改到位。同时，把爱卫协会评比的年度成绩与干部评先、党员评优、农户评好挂钩，有力推动人居环境整治常态化。通过以上措施，全村上下出现了你追我赶的爱环境、讲卫生的良好势头。

推进厕所革命，全村“旱厕”改“水冲式”厕所100%，通过了2020年改厕评定验收检查。现在的三角堆村，是“人居环境百姓夸，房前路旁栽香花，垃圾污水科学管，空气清新质量佳”。

多次组织村组干部、党员和群众代表赴浏阳、新化油溪桥等地学习考察，学以致用，立足自身优势，因地制宜，打造出一批具有代表性的美丽庭院，初步形成了一户一特色，一冲一亮点的美丽乡村。

因地制宜，发展绿色产业

产业兴旺是乡村振兴的重点。三角堆村按照“产业立村”的思路，创新农村基层党组织活动方式，让组织工作渗透于乡村产业发展中；全面清理村集体“三资”，对应签未签、长期、低价、不规范等合同进行清理并规范；采取“党建＋产业”融合模式，推动基层党组织“进合作社”“入种养基地”；推行“龙头企业＋合作社＋农民”方案，打造“一村一品”发展格局。村民纷纷有感而发：“产业兴旺让我们的生活更加富裕。”

2017 年底，聘请了常德市规划建筑设计院、常德市国土资源规划测绘院等专业机构对三角堆村建设进行总体规划，形成了“一心、一环、四轴、五区”的空间布局。“一心”即将杜鹃湖景区作为中心，将水果采摘嵌入乡村旅游产业，形成三角堆村的旅游发展核心；“一环”即以杜鹃湖周边的环路作为三角堆村联系周边地区的中心环，是联系村落发展核心和发展轴线的重要环节；“四轴”即对外联系的四条主要道路，是村庄主要发展轴线和通道；“五区”即在村域范围内形成五个功能区，分别是乡村旅游景区、农村庭院示范区、旅游产业加工区、田园风光体验区、后勤服务保障区。

本着既要高标准又要做得到的思路，“踮起脚来摘桃子”，做到因地制宜，产销对接，开发了400亩优质稻示范片，打造“玉针香稻米”品牌，开发种植了200多亩优质黄花菜和几百亩红心火龙果，每年可增加集体收入50～80万元，解决了部分剩余劳动力的就业。在常德乡村并不常见的热带水果火龙果和特色优质的香稻米、黄花菜，每年供不应求，成为吸引游客的美景美食，“优质稻米玉针香，红心火果产销旺，一村一品一特色，百亩黄花闪金光”的富饶形象展现在人们面前。

良好的生态是大自然馈赠给三角堆的宝贵财富，打生态牌、吃生态饭是我们的必然选择。在三角堆村人看来，三角堆村要持续发展，就要以生态为先导，以特色农业为核心，打造农旅互动的田园综合体。发展乡村旅游和休闲经济是三角堆村绿色经济的重要组成部分。村内有一个美丽的杜鹃湖，杜鹃湖畔景色宜人，种植了500多亩紫云英，每逢4月，游客仿佛置身花的海洋，湖内有轻舟游船供游客戏水赏景，让人流连忘返。

凝心聚力，营造发展环境

近年来，三角堆村始终把“治理有效”作为乡村振兴的重要内容，全力提升治理体系和治理能力，努力营造和谐幸福的社会环境。

发挥领头雁作用。 2016年，80后培训学校校长陈良凯舍弃城里的事业，放弃 30 万年薪的收入，回到生养他的三角堆村，以实际行动在广袤田园无悔追梦。他说："我只想做点实事，把家乡建设好，既然来了就要搞出名堂，造福一方百姓。"他用在城市里学到的知识、开阔的视野和积累的人脉资源，与村委一班人规划村庄、谋划产业、治理环境，采取"创建＋工作"的模式，先后成功创建区、市、省乃至国家级美丽乡村，村容村貌焕然一新。

绿色产业——油茶产业基地

发挥合作社优势。 成立优质稻专业种植合作社，全村流转水田 400 亩，整个生长周期采取统一播种、统一管理、定制式销售等一条龙服务；成立优质高产油茶林合作社，吸纳 59 名农户入社，入社山林面积达 500 亩，借助草坪镇油茶产业良好发展态势大力推进油茶新造，种植"铁城一号"与"湘林一号”优质高产油茶苗，六年后每亩产量可达 80～120 斤茶油，预计入户农户每年增收 10000 元至 15000 元；采取“合作社＋农户”的模式，成立杜鹃湖果蔬种植专业合作社，贫困户通过金融扶贫贷款入股参与分红带动贫困户脱贫，2017 年，每户分红 3000 多元。

发挥新乡贤作用。大力开展“引老乡、回故乡、建家乡”活动，引导本村的优秀儿女回乡参与乡村振兴建设，先后有近 10 人回乡投资建农家乐、休闲广场。其中，闵一军这位成功不忘故里、发达回报桑梓的中国特色社会主义的担当者，就投资 2000 多万元，已建成 1 万多平方米的文化休闲广场，免费提供给老百姓休闲娱乐；计划流转 62 亩山田，投入 2000 万，修建“医养中心”。届时将建成以杜鹃湖为中心的农村观光、休闲、旅游、度假示范片。

发挥屋场会功能。村民是乡村振兴的最大受益者，同时也是主体责任者。怎样实现“村民的事，村民做主，村民受益”？三角堆村多次召开屋场会、村民代表大会，广泛听取群众意见，大家积极参与到方案制定中来。敲定方案后，大家心往一处想、劲往一处使，有钱出钱、有力出力，“厕所革命”“三面五清”，以及生活垃圾分类，一个也没掉队。“泥巴路变柏油路，还有了休闲广场，村里环境变好了，我们自己生活得也更舒适。”80 多岁的李香云，谈起村里的变化，喜笑颜开。

如今，三角堆村在污染治理、绿色产业、生态旅游、美丽乡村等方面取得了显著成效，实现了由贫困村向乡村振兴示范村的华丽蜕变，形成了影响三湘大地的“三角堆村经验”。在村民们幸福的笑脸中，我们看到了三角堆村的美好蓝图，也看到了乡村振兴的光明前景。

三角堆村便民服务中心

杜鹃湖屋场

农耕博物馆

专家点评

产业兴旺、生态宜居、乡风文明、治理有效、生活富裕是乡村振兴的总要求。常德市鼎城区草坪镇三角堆村以这个总要求为指导，从实际出发，科学谋划，发挥优势，发展特色产业，把曾经的贫困村建设成为美丽富裕的幸福村。他们在污染治理、产业发展和社会治理等方面的探索，为新时代脱贫攻坚与乡村振兴有效衔接提供了经验启示。

绘就山水人城和美新南岳

——衡阳市南岳区打造全域旅游的生动实践

保护生态和发展生态旅游相得益彰，这条路要扎实走下去。

——习近平 2018 年 9 月 26 日赴吉林省松原市查干湖考察生态保护情况时的讲话

“回雁为首，岳麓为足，七十二名峰婉转八百里，唯有南岳独如飞！”南岳衡山为中华“五岳”之一，又名寿岳，素有“五岳独秀”“宗教圣地”“抗战名山”等美誉。南岳衡山“四绝”——祝融峰之高，方广寺之深，藏经殿之秀，水帘洞之奇，令游客心驰神往。

2007 年 4 月 6 日，南岳衡山获批国家级自然保护区。2019 年 9 月 4 日，南岳区入列首批国家全域旅游示范区。

一山一庙，发展遇到新难题

南岳历史悠久，山上风景秀美，山脚南岳大庙是世界少有的儒、释、道三教共存之地，人称“江南小故宫”。多年来，四方香客信徒络绎不绝，祈福朝圣，香火繁盛，逐渐形成了“一山一庙”的旅游精华。

岁月流逝，“一山一庙”虽为南岳带来稳定的客流，但瓶颈制约日益突出。交通和旅游基础设施日渐滞后，不利于客流集散，降低了游客体验；旅游空间过度集中，旅游产品单一且缺乏互动性和吸引力，客源市场和游客群体拓展乏力，产业链延伸不足，旅游创收能力有限；与此同时，多年的祈福朝圣和旅游市场经营也造成了环境污染，破坏了生态，不利于长远发展。

“一山一庙”逐渐成为南岳旅游的“天花板”。

在旅游行业加速变革、旅游产品更新换代、生态文旅日益融合、游客日益注重参与感和互动性的大背景下，南岳旅游发展后劲不足，亟待变革。

南岳旅游如何巩固既有优势，创新发展思路，在变局中开新局呢？

南岳衡山

面对问题，南岳区委区政府审时度势，锐意改革，紧紧抓住全域旅游发展契机，锻长板强弱项补短板，不断拓宽思路，从传统的“一山一庙”到全域皆景，形成了“全域拓展、全景提质、绿色发展、全民共享”的全域旅游新格局。

全域规划，绘就旅游新蓝图

在一定区域内，以旅游业为优势产业，全方位整合、提升、优化区域内旅游资源、相关产业、生态环境、公共服务、体制机制、政策法规等要素，实现产业融合、区域协调，是全域旅游的内涵。全域旅游已成为当前旅游业发展的重要态势。

南岳乘势而上，积极拓展旅游空间、产业形态。

旅游空间全域化。 南岳按照“东进、西联”的空间发展策略，逐步构建了“一体两翼、一带多点”的全域旅游空间格局。

“一体”指景城一体旅游区。包括以祝融峰、忠烈祠、玄都观、南台寺、广济寺、天柱峰为主的衡山核心景区和以万寿广场、南岳大庙、祝圣寺、城镇为主的南岳城镇旅游区，作为南岳全域旅游的核心载体和旅游服务综合接待中心。

“两翼”指以水濂洞景区为核心的“东翼”、以方广寺和卧虎潭景区为核心的“西翼”。以水濂洞为核心，联动水濂村、枫木桥村、黄竹村，打造以道文化为主题，以山水观光、乡村度假为主要功能的东部旅游发展翼；以卧虎潭、方广寺景区为核心，联动光明村、新村、拜殿村，打造以佛文化为主题，以山水趣游、休闲农业为主要功能的西部旅游发展翼。

“一带”即串联全域旅游重点产品和资源，涵盖红星运动休闲区、水濂美食体验区、古镇祈福文化体验区、中心景区观光康养区、十里茶乡茶文化体验区、方广度假养生功能区的全域旅游产业发展黄金走廊。

“多点”指远离城镇、旅游资源优良、极具发展潜力的乡村旅游点，以水濂村、杉湾村、光明村、拜殿村、岳林村、龙凤村、樟树桥村等为重点，推动生态农业、乡村旅游、自驾休闲等旅游产品和项目的开发，形成多点齐放的旅游发展格局。

旅游业态多元化。 聚力打造南岳古镇、传奇祝融小镇、拜殿旅游小镇、休闲农业特色小镇等一批旅游特色小镇，弘扬道教养生文化，打造国际祈福康养旅游小镇。推动建设十里茶乡精品自驾营地、水濂洞乡村田园自驾营地等一批自驾露营基地，发展特色餐饮、户外运动、休闲娱乐等产业。

在南岳后山等重点景区、旅游区内部及周边村落发展主题民宿客栈；以红光等村庄为主，积极发展休闲度假农庄；依托太平、新村、岳林、拜殿、龙凤等资源特色和优势，针对性开发多种类型的休闲农业基地。

做强“南岳庙会”品牌，推出文化体验游线路。丰富“夜旅游”，打造祝融剧场“一台戏”、万寿广场 3D 投影秀和松麓街非遗展演，建成松麓街特色文化街区和创客空间、VR 体验馆等。

举办旅游产品设计大赛，打造南岳素菜特色餐饮品牌，获评全国唯一的“中国素食之乡”。鼓励发展家庭客栈和特色民宿，建成松麓街、青创街等特色文化街区和创客空间、房车营地、飞行影院、VR 体验馆等。

全景提质，增添游客新体验

营造生态景观。 近年来，南岳全面推进林相景点化、景点精品化，近三年共计完成 2000 余亩杜鹃花、金钱松雾凇林、樱花林建设，形成了“春观花、夏赏叶、秋阅色、冬品形”的森林景观格局。

对溪谷、水库、山地、林地、渠塘等实行生态化改造和提升，加强景观环境整治，保持生物多样性，构建多元化的景观体系，打造可观、可赏、可游的生态景观。

按照“四季常绿、一路一景”的理念，沿自行车道、休闲绿道、旅游风景道等廊道，利用临路、临街等区域空地，采用高低错落、有起有伏的方式差异化布置灌木、乔木、草花，打造生态景观走廊。

打造全域花海。 以花海、林木、苗木、茶园、竹林等景观元素为基础，广泛种植花卉苗木。在路边、水边、田边、山边种植景观花卉，建设花海景观园和稻田公园，打造红花景亭、十里桃花等乡村美景。

依托樟树桥村、杉湾村等村落，丰富竹林、苗木、茶园等原生态景观，引入花卉景观作为点缀，形成层次不同的景观效果。

提升服务能力。 拉通高铁、高速、机场等交通网络，融入“高铁 2 小时、3 小时经济圈”。建成衡山西至南岳快速通道，加快长途汽车站提质改造，建设旅游交通换乘服务中心。优化景区环保车线路，公交化运行，全面提质城区免费公交，增设乡村旅游停靠点，开通城区至红星、水濂、十里茶香和方广景区线路，健全交通接驳系统。

建设智慧景区，完善停车引导系统和“乐游南岳”电子商务平台；提质全域旅游服务中心，构建全域旅游智慧服务体系，增设游客咨询点和休憩服务设施，实现重点旅游场所、服务设施移动网络和 Wi-Fi 全覆盖；持续推进“厕所革命”，新建和提质旅游厕所。

推进“智慧警务”“雪亮工程”建设，打造全域感知、全云计算、全警应用的现代旅游警务模式，实现旅游管理、治安管控、执法办案、服务群众等多领域智慧化。

南岳华严湖

生态保护，展示南岳新形象

强力治污焕新颜。 曾几何时，南岳山下的龙荫港红星村段污染严重，是人人避而远之的“臭水沟”。南岳区以河长制为抓手，上、中、下游协同治理，责任到人，多措并举强力治污，推动全域旅游。衡阳市首条骑行主题公路落户红星村，骑行车道、网红摇摇桥、心愿树、小园林、浪漫花海等特色微景观串珠成线，建成了环村、滨水、涉田、进园的“南岳最美乡村绿道”。

如今的红星村，田园广阔怡人、河岸垂柳清风、四季蔬果飘香、游人络绎不绝，生活蒸蒸日上。展示了一幅“河畅、水清、岸绿、景美、人乐”的大美南岳生态画卷，入选文旅部第二批全国乡村旅游重点村。

红星村骑行道

生态保护上台阶。 近年来，南岳区实施最严格、最有效的生态环境保护举措。推动燃香市场改革，出台我省第一部焚化品环保地方标准《南岳衡山环保礼仪香标准》。累计投入资金 9200 多万元，搬迁村民 164 户，在自然保护地持续推进生态搬迁、环境整治、景区禁烟、燃香改革、油烟治理“五大工程”。

划定以涵养水源、保持水土为主要功能的生态公益林，加快生态薄弱地的植被恢复，建立健全生态公益林的补偿机制。

加强兴隆水库水源地环境治理，做好水源地保护区居民生活垃圾清扫、清运。

加强林业病虫害防治，实施古树名木调查保护、森林禁伐减伐，建设完善景区防火林道，搭建森林防火监控平台。开展“我在寿岳有棵树”活动，营造全民护绿增绿氛围。

南岳华盖茶园

全民共享，振兴乡村开新篇

全域旅游为当地村民脱贫致富带来了新机遇，让老百姓共享绿色发展新成果。

脱贫致富开新局。 南岳区深入实施“旅游＋扶贫”战略，将全域旅游与精准扶贫、乡村振兴深度融合。先后举办了“旅游扶贫、你我同行”“天下南岳·扶助三湘”暨“我想有个家”“我要去上学”精准扶贫公益募捐启动仪式等主题活动。街区门店经营不收取租金，所得利润每年给南岳区建档立卡贫困户固定分红和不少于30万元的利润分成。

成立旅游扶贫特产店，推出旅游饮用水等重点旅游产业扶贫产业项目。2018年6月，成立南极星饮用水公司，规定自公司成立至2022年12月31日止，将公司49％的股份分红以委托帮扶的模式对接全区所有的建档立卡贫困户，真正做到惠贫富贫。

创建“南岳旅游扶贫特产专卖店”“旅游扶贫购物街”；在“乐游南岳”手机App官方平台设立精准扶贫专栏，代销农特产品，拓宽贫困户销售渠道；召集中华五岳代表齐聚南岳衡山，交流景区发展经验，共商旅游扶贫大计。

延伸“旅游＋扶贫”触角，与湘西花垣、祁东凤岐坪乡等地建立合作机制，代销包括十八洞村等地贫困户生产的农特产品，为困难地区脱贫摘帽提供南岳支持。

富民兴村增动能。“十里茶乡”寿岳乡龙池村形成了以茶叶基地、景观景点、田园村庄、精品民宿等为支撑的全域景观化发展格局，吸引休闲和避暑游客100万人次/年，实现茶产业年产值突破150万元，贫困户年人均收入增加2000元以上。

水濂村荷花基地连接水濂洞景区、朱陵宫、坤道学院，打造成南岳区一大乡村旅游景区，吸引游人无数；红星村、荆田村和双田村借全域旅游之势因地制宜发展乡村特色旅游，建设国家级田园综合体，将旅游打造成脱贫攻坚和乡村振兴的“绿色引擎”。

水濂荷花

专家点评

提质增效、培育新动能是全国旅游业供给侧改革的重要取向。南岳结合“小县区、大旅游”实际，积极大胆探索，深入推进文旅融合、综合治理等领域改革创新，提升游客体验，实现了景点旅游向全域旅游转变，打造了全域发展的新南岳，为全国旅游业供给侧改革和旅游业综合治理探索了可行路径，贡献了“南岳样本”。生动践行“两山”理论，加强生态环境治理和修复，促进生态环保和全域旅游深度融合，探索了生态产品价值实现的推进策略、可行路径及外部载体的有效融合。

呵护一方山水　发展生态旅游

——平江县“绿富双赢”的发展模式探析

要做到宜农则农、宜林则林、宜牧则牧、宜开发生态旅游则搞生态旅游，真正把自身比较优势发挥好，使贫困地区发展扎实建立在自身有利条件的基础之上。

——习近平 2012 年 12 月 29 日至 30 日在河北省阜平县考察扶贫开发工作时的讲话

夏日，火热的季节，踏进乡村，一幕幕美景扑面而来。只见一栋栋漂亮的房子掩映在绿树丛中，村庄间，时时传来一阵阵欢快的笑声，一片碧绿的荷花，从水中探出头来，一朵朵婀娜多姿，格外瞩目……这是平江县生态旅游的一个生动掠影。

平江县位于湖南省东北部，与湘、鄂、赣三省交界，自东汉建县至今有 1800 多年历史。自东向西贯穿县境 193 公里的汨罗江，是湘楚文化源头之一，被台湾著名诗人余光中誉为“蓝墨水的上游”。平江又是中国革命的发祥地和中国工农红军的摇篮之一，号称“将军县”，曾发生“平江起义”等重大革命历史事件，走出了苏振华、张震等 52 位共和国开国将军。

1986 年，平江被国务院列为第一批国家扶贫开发工作重点县。如何破解“守着绿水青山饿肚子”困境，是历届平江县委、县政府一直思考的课题。

近年来，平江县更是借势发力，演绎了一场“绿水青山”就是“金山银山”的精彩大剧。一个“生态环境颜值高，经济发展品质高，人民幸福指数高”的绿富双赢新平江快速崛起，获得了“全国十佳生态文化旅游县”“全国休闲农业和乡村旅游示范县”“全国生态建设示范区”“联合国绿色产业发展示范区”等荣誉。

平江县长寿镇省级风景名胜区红军营

资源丰富，发展条件不断优化

2014 年，平江县还是一个比较贫困的农业大县，共有农业户籍人口 98.6 万，136 个贫困村，4.06 万户 14.15 万建档立卡贫困人口，贫困发生率为 14.34%，普遍存在行路难、上学难、就医难、增收难、婚娶难、住房难等问题。

我国有许多贫困地区同时是生态资源的富集地区，平江也不例外。除了具有“蓝色”人文资源、“红色”文化资源优势外，平江还具备独特的“绿色”生态旅游资源等优势。

交通区位持续改善。 平江县地处长株潭城市群、武汉城市群、洞庭湖生态经济区、环鄱阳湖生态经济区等四大区域经济板块交汇中心，近年新建京港澳和通平两条高速公路，完成G106和S308、S207改造，县城5分钟可上高速，40分钟可达长沙黄花国际机场，45分钟可至武广高铁汨罗站，已融入长沙一小时经济圈，至武汉、南昌仅2个多小时车程，对外大开放交通格局初步建立。全县实现乡乡通油路，县城通往幕阜山、福寿山、石牛寨、沱龙峡、纯溪小镇等主要景区的公路全部硬化，96%的行政村通水泥路，全县所有景区进入县城“一小时旅游圈”。随着岳阳至吉安铁路、平江至益阳高速、长沙至平江城际轻轨、龙门至石牛寨公路、安定至浏阳界公路等交通项目的规划与建设，平江县发展基础正在加快夯实，交通区位优势将会更加明显。

旅游产业优势后发。 生态旅游发展是区域合作中共识最多、矛盾最少、投入最低、见效最快的领域。平江县地处湘鄂赣三省交界处和长江中游城市群“中三角”范围内，完全可以凭借区位和资源优势在区域合作中实现生态旅游大开发、大发展。

平江县幕阜山天岳飞龙

生态资源丰富多样。平江县地貌以山地和丘陵为主，境内有海拔1000米以上的高山23座，其中连云山主峰海拔1600.3米，高于周边的庐山、衡山、井冈山等名山；森林覆盖率65.6%，高于全省平均水平8个百分点以上，是联合国工业发展组织认定的绿色产业示范区和环保部命名的全国生态建设示范区。天然植被完整，有一级保护植物4种、二级保护植物15种，一级保护动物4种、二级保护动物31种。生态环境质量位居湖南省前10位，其中福寿山负氧离子高达每立方厘米2.9万个。自然生态资源以山奇、石秀、林翠、水美为突出特点，具有很高的观赏价值。

强化治理，用心呵护一方山水

数年前，由于环境保护滞后，垃圾遍地皆是，集镇和农村生活污水处理不到位，到处是刺鼻的臭水臭沟，工业废水排放、矿山无序开采给母亲河汨罗江带来严重污染，全县环境受到很大破坏。

面对这种情况，2014年，平江县委、县政府毅然决定走生态创建之路，开展全面治污，推动绿色保护，为走生态旅游、“绿富双赢”之路奠定了良好基础。

县委、县政府印发《关于创建国家生态县的决定》《平江县创建国家生态文明建设示范县实施方案》，编制《平江生态县建设规划》。成立平江县创建国家生态文明建设示范县领导小组，由县委书记任政委，县长任组长，四大家相关领导和36

个相关职能部门的主要负责人为领导小组成员。领导小组下设创建办公室。各乡镇、村成立生态创建的组织领导机构，构建了“纵向到底、横向到边”生态创建领导机制，形成了齐抓共管的大格局。广泛常态开展生态文明示范县“十大行动”，即节能减排行动、生态经济行动、绿色县城行动、洁净乡村行动、清洁水源行动、清洁空气行动、清洁土壤行动、森林平江行动、绿色殡葬行动、绿色创建行动。通过高位推动，实现生态保护强力推进。

2015 年以来，平江大力开展城乡全域环境综合整治，县政府出台了《关于在全县开展全域环境整治的通知》，按照全域环境整治目标“十无”（无立式广告招牌、无违章棚亭棚屋、无非法喷贴广告、无破损标语横幅、无白色塑料垃圾、无非法塑料作坊、无成堆裸露垃圾、无垃圾露天焚烧、无黑臭水塘水沟、无非法畜禽养殖）标准，出台了全域环境整治“十禁”（禁采、禁渔、禁猎、禁伐、禁葬、禁塑、禁排、禁炮、禁建、禁养）规定，建立了县、乡、村领导机制“十有”（有党政重视、有专抓班子、有工作机制、有筹资办法、有工作经费、有环保队伍、有环保设施、有自治组织、有督查讲评、有奖惩机制）及全域环境整治“十个规定动作”，以全域环境整治助推全域生态旅游发展。

加强基础设施建设。在已建 8 个乡镇污水处理厂的基础上，采取 PPP 模式，投资 3.9 亿元，新建了 18 个乡镇集镇污水处理厂，配套建设污水收集管网 275 公里，实行乡镇污水处理“统一规划、统一设计、统一建设、统一运营”，污水处理率达到97%。投资1.3亿元建设生活垃圾无害化终端处理设施“垃圾卫生填埋场”和“建筑垃圾填埋场”，建有标准垃圾转运站39个，配套垃圾全封闭运行车辆42台，建立城乡保洁队伍3408人，形成了“户分类、村收集、镇转运、县处理”管理模式。村村开展了垃圾分类，实现废品回收再生利用，平江县安定镇横冲村的垃圾分类工作被中央电视台报道，全县城乡生活垃圾集中收集率达到100%，垃圾无害化处理率达到100%。

注重生态保护。把握项目审批关，坚决杜绝高污染、高能耗项目上马，否决高污染、高能耗项目38个。大力开展生态修复，实施矿山治理、裸地复绿等生态修复项目162个，生态修复种植林草总面积达到1866万平方米。县城完成绿化重点工程18个，城区绿化面积681万平方米，绿地率达到37.8%，公园绿地214万平方米。退耕还林26.4万亩，落实重点生态公益林补偿面积159万亩。优化空间格局，严守生态保护红线，制定“三线一单”（生态保护红线、环境质量底线、资源利用上线和生态环境准入清单）环保管理制度，全县划定生态保护红线1184.5平方公里，占国土面积28.73%，高于湖南省平均比例8个百分点。对自然保护区、风景名胜区、湿地公园、森林公园等自然保护地建立了严格的监管制度，切实保障了重点自然保护地的生态安全。开展生物多样性保护，全县886种植物、154种陆生野生动物、148种野生鱼类等水生动物得到了有效保护，国家级和省级濒危野生动植物保护率为100%。

通过无死角全域环境整治和生态保护，平江城乡整洁美丽、空气清新、山清水秀、面貌焕然一新。2017 年，在湖南省政府召开的全省环保大会上，平江县作为县区唯一的代表，以《开展环境整治，建设大美平江》为题作了典型经验发言。平江县在岳阳市农村环境综合评比中，2017—2020 年，连续四年评为第一名。

平江县沱龙峡漂流

发挥优势，大力发展生态旅游

多年来，平江县扬长避短，坚定不移锚定生态旅游，致力于把“绿蓝红”资源转化为富民资源，“绿水青山就是金山银山”理念在平江取得了实实在在成效。

着力做好顶层设计。 平江县对原生态的细心呵护，对环境的高标准治理，对特色乡村的精心打造，为旅游业的发展提供了优质资源。把旅游业的发展作为增强经济发展后劲的重头戏来抓，县委、县政府成立了“平江县旅游产业发展工作领导小组”，高标准编制全域旅游发展总体规划，出台旅游产业转型升级决定等一系列支持旅游发展的政策性文件。组建全省首个县级旅游发展委员会，将全域旅游创建工作纳入全县绩效考核范畴，严格兑现奖惩。

着力开发生态产品。 全县推出了 4 大类 10 个系列 150 多种生态旅游商品，油茶、茶叶、矿泉水、酱干、山桂花蜜等一批特色产品畅销国内外，“九狮寨高山有机茶”漂洋过海，茶叶出口到欧盟 200 多吨，“山润茶油”已成为绿色知名品牌，福寿山矿泉水、平江酱干亦成为全国市场上的抢手货。迷人的青山秀水，富有特色的生态绿色商品，一个个野趣无穷的生态旅游景点，吸引着八方来客。

着力发展景区经济。 把县域作为一个大景区来规划，引进专业公司，逐步将平江对外营业景区全部打造成为数字化无废景区，并着力把连云山大峡谷打造为湖南首个智能化、信息化、数字化的无废景区。全县建设对外营业景区 23 家，其中 4A 景区 3 家、3A 景区 8 家。2019 年，实现旅游总收入 156 亿元，同比增长 19.6%；共接待游客 2023 万人次，同比增长 21%。2016 年以来，旅游综合税收达到 7.56 亿元，辐射带动 21.6 万人就业，2.8 万人稳定脱贫。县域旅游经济综合指数排名湖南省第四位，成功创建湖南省全域旅游示范区，连续三年入选中国县域旅游竞争力百强县名单。

平江贫困县的“帽子”一戴就是33年，2019年3月1日，湖南省人民政府正式批复同意平江县摘帽。勤劳智慧的平江人花了数十年的时间，通过“绿色青山就是金山银山”的生态旅游，将美好的生态蓝图一笔一笔刻画在平江大地上，一个美丽生态旅游去处呈现在世人面前。

平江县石牛寨玻璃桥

如今，摆脱贫困的平江人民开启了更加精彩的新征程，奋力建设“绿富双赢”现代化新平江，向着共同富裕的目标迈进。

专家点评

平江的红，英勇且壮烈；平江的绿，苍翠且灵动；平江的蓝，源远且厚重。近年来，平江以“红绿蓝”为底色，加大生态价值转换力度，书写“绿富双赢”蓝图，将生态旅游与环境治理相结合，走出了一条“绿水青山就是金山银山”的新路子，彰显出一个革命老区新的活力和生命力。随着人民群众美好生活需求的日益增长，生态旅游这篇文章必将大有可为、大有作为。

践行绿色发展　推动乡村振兴

——湘阴县鹤龙湖镇建设特色小镇探索

从浙江和其他一些地方的探索实践看，抓特色小镇、小城镇建设大有可为，对经济转型升级、新型城镇化建设，都具有重要意义。

——习近平 2015 年 12 月 24 日就建设特色小镇作出批示

从湘阴县城出发，过湘江大桥，沿省道S308线，进入鹤龙湖镇，长度约2公里的新河村蟹虾产业一条街映入眼帘，便来到了各路游客品味鹤龙湖蟹虾的集结地……

鹤龙湖名源于上古神话。传说中仙鹤衔来救命之水解救奄奄一息的龙王，后人便用这个故事将这充满水韵的地方赋予了传奇的色彩。鹤龙湖镇地处湘江西岸，辖14个行政村、5个社区，总人口7.4万人，镇域面积122平方公里，其中耕地9.8万亩，水域2.12万亩，水域辽阔，资源富足。

近些年，鹤龙湖镇结合实际，以产业发展为核心，以环境整治为切入点，以组织管理为保障，不断创新体制机制、优化资源配置，着力激发乡村内生动力，成功创建省级蟹虾特色农业小镇，推动乡村振兴战略的落实落地。目前，鹤龙湖镇环境优美、民风淳朴、经济发展，其中大闸蟹年产近800吨，小龙虾超过5000吨，综合产值超过10亿元。

鹤龙湖镇湖景

发展特色农业有成效

鹤龙湖镇按照“蟹虾小镇”的产业定位，坚持“政府主导，市场运作”的基本思路，确定“蟹逅鹤龙湖，虾味醉洞庭”的主题口号，着力把大闸蟹做成大产业，小龙虾变成“钱袋子”。每年的国庆黄金周，蟹都鹤龙湖蟹虾美食一条街生意红火宾朋盈庭，屡屡出现“一桌难求”的局面，一周内吸引游客超10万人。

做大主导产业。 坚持政府引导、市场运作、群众参与原则，大力推进农业产业结构调整。通过入户讲、田间劝，引导农民自愿、自主流转土地，对新发展稻虾蟹综合种养连片面积达200亩以上或蟹虾精养池塘水面连片面积达200亩以上，且示范带动作用显著的经营者，按200元/亩标准进行奖补。因地制宜科学布局了“现代农业先导区、农业生态试验区、特色农业产业集聚区、三产融合样板区、美丽乡村示范区”等五大功能板块，有效发挥“蟹虾综合种养示范、绿色农产品精深加工示范、农旅结合示范、互联网＋农业示范”等示范效应。目前全镇共发展蟹虾、稻渔面积5.68万亩，蟹虾养殖面积达3.57万亩，形成了以蟹虾混养、稻虾共作种养模式为主导，鱼鳖混养、黄颡鱼、桂花鱼、青蛙、泥鳅、苎麻、藠头等特种水产、特种种植为主要发展方向的生态种养殖业。

做强龙头企业。 筑巢引凤，厚植创新创业沃土，培育省级龙头企业2家、市级龙头企业2家、农村青年专业合作社36

家，与江苏淡水研究所、阳澄湖大闸蟹养殖协会、湖南新宏生态养殖公司等 10 多家科研院所团队达成了战略合作，与华天大酒店、文和友、旋子家 kiss 虾等 12 家企业，签订了小龙虾生态养殖与小龙虾产品收购协议。市级龙头企业湘科米业股份有限公司于 2018 年 9 月在湖南股交所挂牌交易。壮大农业经营主体，通过公司联结、劳务增收、土地入股、政策引导四项机制，构建“公司＋基地＋农户”模式，助力脱贫攻坚。已对接贫困人口 1200 余人，人均可增收达 1000 元～16000 元不等，可持续稳定带动全镇 184 户 520 人稳定脱贫，产业扶贫成效显著。

鹤龙湖镇集会

做响特色品牌。 鹤龙湖大闸蟹荣获湖南省“绿色无公害水产品”全国统一认证标志、巴陵十二鲜美食节金奖、中国中部（湖南）国际农博会金奖。自主培育的红膏蟹品种，个头大、品质好、产量高，上市以来成为鹤龙湖大闸蟹新的“网红”，在岳阳扶贫展销会、湖南省农博会上获得各级领导的肯定和社会的好评。稻虾米“湘科湘绿”“湘科生健”等品牌被认定为绿色食品标志、湖南名牌产品。

做深三产融合。 2018年，聘请国内知名设计公司，投入奖补资金1200万元，对集镇风貌提质改造，打造独具风格的“鹤龙湖蟹虾城”。多次承办省市农业产业现场会，成功举办“岳阳湘阴小龙虾美食节”“G240乡味长廊丰收节”“螃蟹首捕仪式”等节庆活动。国庆假期，集镇美食街、家庭农场、田间小灶、微商电商生意火爆，每天游客达3.4万人次，每天大闸蟹销量不低于4万斤，解决就业岗位3200个，7天销售额突破2亿元，主导产业年内总产值过10亿元。

“鹤龙湖镇依托蟹虾主导产业，不断深化农业产业结构调整，形成了一条种、养、加、销、吃、游、玩的完整产业链。”湘阴县鹤龙湖镇党委书记秦献鹏介绍，当前，该镇以党建为引领，通过打好生态牌、做活水文章，积极打造三产融合特色小镇，构建了“春游斗米花海连天，夏剥龙虾一席难求，秋品闸蟹享誉三湘，冬尝腊味鱼肉飘香”的四季旅游模式。

鹤龙湖镇特产

改善人居环境有靓点

突出绿色发展，提升人居环境，大力促进人与人、人与自然、人与社会和谐相处，是鹤龙湖镇抓特色小镇建设的又一特色。

抓好村民规范建房。 严格按照村庄规划、遵循“五有三到场”总要求，严守耕地红线，杜绝土地“开天窗”，在已建成 4 处集中建房点的基础上，结合平益高速拆迁、农业产业调整布局，投资近 1.5 亿元、占地 140 亩，建设一处宜居、宜业、宜游的江南水上新村。围绕“三清理、四拆除、三提升”(清理生活垃圾、生活污水、杂物杂草，拆除危房、违规建筑、简易厕所、废弃圈舍，提升规范村民建房水平、农村绿化美化水平、乡村治理水平）工作重点，拆除“四房”（违建房、危险房、空心房及零散房）1532 栋、16 万平方米，完成土地增减挂 185 亩，腾出综合利用土地 1299 亩。从实地效果来看，镇村主干道路、重点路段、重点区域，特别是几个主要集镇基本做到了无残垣断壁、无私搭乱建，极大地优化了镇村土地资源配置，改善了镇容村貌。

抓好人居环境提升。 全镇门前三包挂牌 15741 户，配置垃圾桶 19773 个，清理主干道累计近 200 公里，房前屋后已清理 15783 户，累计清理农村垃圾 7092 吨。村和社区卫生状况相比往年都有很大改善，无论是公共区域、村组主次干道还是农户房前屋后，都基本做到了干净整洁，无垃圾乱堆乱扔，水面清洁无堆积漂浮物。部分村还因地制宜打造了亮点示范路、美丽小花园、小菜园、小广场等，极大提高了村庄绿化、靓化水平，农村人居环境整治效果显著。

抓好亮点工程建设。 实施农村公路“白改黑”（水泥路面改为沥青路面）工程，在三角坪段、农场社区、新河村“白改黑”7.6 公里。植树 21850 株，绿化主干道 44 公里；完成沟渠疏浚长度 89318 米，共计 183033 立方米。重点在公路两侧绿化带种植花带、增植小灌木，对沿线空地设计种植绿化景观树，着力打造“四好”农村公路。在尊重群众意愿的基础上，采取群众自筹、政府奖补的方式筹措资金进行立面改造，美化鹤龙湖“门面”。其中，湘江大桥两边立面改造397栋，集镇人口集中区改造196户，S308线横渔咀段改造62户，市级美丽乡村新河村改造452栋。推进集镇提质改造工作，先后投入40余万元完善污水处理设施及管网建设，提高水、电、路、讯等配套设施服务水平。

抓好配套设施建设。全镇已经安装三格池11000个，基本实现了无害化卫生厕所全覆盖。着力加强生活污水治理，投资2600万元、日处理量1000吨的集镇污水处理厂投入运营。生活垃圾转运体系逐步完善，建立了“户分类、村收集、镇转运、县处理”垃圾处理体系。农户垃圾实行干湿分离，湿垃圾进沤肥池；可回收垃圾由保洁员上户收集后分类储存到回收站，由村里统一外销处理，并对爱卫协会进行适当生态奖补；不可回收垃圾由村（社区）组织统一清运到2个垃圾中转站，再外运到县垃圾焚烧发电厂。

鹤龙湖镇街景

夯实基层基础有活力

坚持党建总揽，为特色小镇创建提供坚强保障，鹤龙湖镇凝心聚力促推经济社会高质量发展。

实施“头雁”工程。 通过选优配强班子、严管党员队伍、优化考评机制等措施，充分发挥基层党组织战斗堡垒作用。制定《村级千分制目标管理考核办法》，推行党组织书记末位约谈机制，完善和落实党委书记与村、社区党组织书记谈心谈话制度，扎实开展评先推优。全镇拥有省级美丽村庄 1 个，市级美丽村庄 2 个，获评市级先进基层党组织 2 个，市优秀共产党员 3 人。从优秀党员站所长中选派驻村第一书记 10 人，从外出务工经商返乡人员选拔优秀党员担任党组织书记 1 人，按照“村推镇选”，储备村级后备人选 46 人。

弘扬传统文化。 深挖人文精髓，高标准建成蟹虾文化展示中心和鹤龙湖红色初心走廊，开展“最美乡贤”“最美屋场”“最美婆媳”评选活动，留住记忆、记住乡愁，凝聚关心家乡、发展家乡的强烈共识。联星村首创“国学堂”，为学生传授《三字经》《弟子规》等国学经典以及软硬笔书法、传统礼仪等知识，奏响文化惠民新强音。

倡树文明新风。 制定了乡规民约、村规民约，真正实现城乡居民自我管理、自我教育、自我服务和自我约束，构筑共建共治共享的社会治理格局。扎实推进“党建＋协会”，组建 116 支“党建＋志愿者协会”队伍，成立 19 个红白理事会，全域实施禁炮禁塑禁拱棚，倡导婚事新办、丧事简办、余事不办，大力倡树文明新风。暑假期间，组织全镇 173 名大学入学新生及家长召开座谈会，签订了承诺书，社会反响好。纵深推进扫黑除恶专项斗争，扎实开展安全隐患大排查，做到无一人到市赴省进京上访，社会大局和谐稳定。

特色，是城镇一张难以拒绝的请柬。鹤龙湖特色小镇建设已经成为岳阳市城镇建设的优秀范本。春日，鹤龙湖上湖光潋滟，鹭鸟飞翔，游人密密，一支支乡村特色体验游“交响曲”在魅力江湖之滨奏响……

专家点评

特色小镇是发达国家产业竞争力的一种重要载体，苹果公司、英特尔总部等很多世界级企业均落户特色小镇，加州门罗帕克小镇是美国风险投资基金聚集地，硅谷是由一连串小镇聚集而成的。新时代下，特色小镇已成为我国基层产业转型升级的重要载体之一。鹤龙湖打造的“美食特色旅游特色小镇”，既实现生产生活生态有机融合，又实现了乡村的全面振兴，是我国特色小镇建设的成功典范。这启示我们：只有创新理念、科学规划，结合自身资源找准产业定位，结合自身优势挖掘特色产业，才能打造出推动特色小镇高质量发展的新引擎。

加强综合治理　打造美丽乡村

——浏阳市乡村振兴的“竹联样板”经验

要继续完善农村公共基础设施，改善农村人居环境，重点做好垃圾污水治理、厕所革命、村容村貌提升，把乡村建设得更加美丽。

——习近平 2019 年 7 月 15 日至 16 日在内蒙古考察并指导开展“不忘初心、牢记使命”主题教育时的讲话大路通户，青山为屏，渠水碧波荡漾，绿树相映成趣……这鲜活灵动的图景，来自浏阳市官渡镇竹联村，城里人梦回萦绕的乡愁，在这里随处都可以体味到……

竹联村位于浏阳市官渡镇，地处浏阳市东中部，距浏阳市区 30 多公里。几年前，这里极为普通，既没有交通、区位优势，又没有生态、文化优势。而如今，乡村面貌焕然一新，乡村振兴“竹联样板”声名鹊起，引来不少观摩团队争相打卡。

竹联村实现华丽蜕变，是因为村支两委抓住乡村振兴契机，立足实际、解放思想，加强综合治理，发展生态经济，走出了一条乡村振兴的新路子。

治水改厕优化生态环境

竹联村率先推行“三级沉淀＋人工湿地”农村生活污水处理模式，末端出水可达到农业灌溉标准，还对小微水体岸线进行绿化美化，使得渠成线、塘成景，小微水体变成了靓丽的风景。以此为基础，发展生态观光旅游、特色蔬菜等产业，乡村美景和瓜果蔬菜变成了“摇钱树”。

走进竹联村，迎面看到一位妇女在村口水渠清洗衣物，她叫姜美英，告诉我们说：“以前在村口洗衣服是想都不敢想的事，那时附近村民家的污水都直排水渠，水渠又脏又臭，水质太差，连灌溉都成问题。”

“小厕所、大民生，不论是现在，还是从长远来看，治厕是个大事。”对于“厕所革命”，竹联村党总支书记吴敬芳感受很深，在他看来，改厕可以改善人居环境，对粪污无害化处理可以大大减少疾病传染源；同时能够作优质肥料，实现生态、健康、经济等多重效益。

近几年，竹联村为了美化净化村庄环境，在全村开展厕所无害化改造，改造厕所 768 座，实现全村旱厕清零。2020 年，精心打造了湖南省“首厕过关制”培训示范点，作为改厕样板，接待了省、市、县、乡各级领导干部的培训和考察。

改厕是“家家点火”，清退大型畜禽养殖则是重点突破。竹联村为了清除重点污染源，综合运用法律法规、政策奖补、介绍就业、支持产业转型等举措，晓之以理、动之以情、明之以利，做好畜禽养殖户的思想工作，使他们关闭拆除养殖坊，解决最大的污染源。

如今，全村生活污水全部进行有效收集，村容村貌有了重大改观，村民生活环境明显改善，生活质量明显提高，一跃成为全省美丽乡村。

竹联村时光里渠道，建设前后对比图

创新方式化解老大难题

垃圾治理一直是乡村环境整治的短板，相较于城区，村民垃圾分类意识淡薄，参与积极性不高，加上长期形成的习惯，乱堆乱扔垃圾是农村环境治理的难题。浏阳坚持转变观念先行，将精细管理、方式创新、智能治理等现代理念运用到卫生保洁、垃圾分类治理中。

竹联村对乡村卫生保洁实行分区分片管理，通过“保洁员车辆自购＋村级补贴”的方式解决队伍不稳、保洁不力的难题。创新实施“垃圾银行”，村民将可回收垃圾进行集中兑换，按照垃圾重量兑换等价盐、醋等生活用品，较好地激发了群众的参与热情，不可回收垃圾由保洁员每天上户回收。

同时强化党建引领，让乡镇（街道）党员下沉乡村，指导帮助村民进行垃圾分类，6 名专职保洁员定期上户回收，专业垃圾清运公司集中清运，有力地推进了环境综合整治。

在党员干部的带动感召下，村里涌现出了一批先进典型，如将自家房屋改造为资源回收环保屋的道德模范钟美光、在家庭相当困难情况下仍捐资 1000 元用于乡村建设的双残低保户钟启贤夫妻等，起到了很好的示范作用，全村 817 户农户均自觉做好垃圾分类，全年投入垃圾治理资金 30 万元。

“我们村是 2015 年开始搞垃圾分类，一开始很难，大家没有这个意识，垃圾随手扔，打扫卫生的人也没有什么积极性。”家住竹联村蔗棚小区的姜清华现在负责义务清扫蔗棚小区和中州屋场的卫生，对比 4 年前的竹联村，她的脸上充满着欣喜。“现在我们队伍在逐渐壮大，越来越多的人加入进来了。”

由表及里涵养淳朴民风

乡村的“脸面”扮靓了，精神文明建设也紧跟而上。竹联村建有 3 个休闲文化广场，配备了老百姓大舞台、标准门球场、健身设施等，供村民开展文化体育活动。组建了村广场舞队、腰鼓队、门球队等，经常性地组织开展群众性文化娱乐活动，鼓励更多村民参与到文化活动中来，极大地丰富了村民的精神文化生活。

该村还通过村民议事会、道德评议会、红白理事会等村民组织开展乡风评议，宣传生态环境保护、绿色发展的知识和政策，鼓励村民献言建策；广泛开展“星级文明户”“标兵党员”“最美乡贤”等评选活动，形成激励与约束机制。如建设时光里屋场，乡村振兴理事会 2 天就筹集捐款 90 多万元，号召村民义务投工投劳 806 个、无偿提供公共建设用地 10.2 亩；村民们还成立了移风易俗义务劝导队，开展移风易俗劝导活动 20 多次，踩刹大操大办婚丧嫁娶之风。村民组织还在推进垃圾分类、环境卫生整治、生活污水治理、秸秆禁烧等工作中发挥了重要作用。

2018 年以来，浏阳市围绕治厕、治水、治房、治垃圾、治风气开展的农村“五治”活动成效显著，农村垃圾分类减量一半以上。在治房中，竹联村的“一户多宅”“空心房”整改工作在 10 天内就完成了任务，共拆除 40 户房屋 1236 平方米，可复垦耕地、林地 23894 平方米。2018 年，实现“旱厕清零”，移风易俗成为当地新风尚。

竹联村精神文明建设成效明显，受到《湖南日报》《长沙晚报》《浏阳日报》，以及湖南电视台等 20 多家主流媒体宣传。2020 年，评选出星级文明户 60 户，标兵党员 10 人，最美乡贤 12 人。

竹联村文艺汇演

美丽乡村催生生态经济

浏阳始终注重探索绿水青山与金山银山的转换路径，以优美生态促推经济发展。“没有产业的支撑，光有面子没有里子，乡村发展是不可持续的，全面小康也没有物质基础。”吴敬芳说，打造美丽乡村，必须建设“美丽经济”，通过发展绿色产业收获真金白银。

竹联村利用生态环境治理成果，深入推进三产融合，优化农业产业结构，因地制宜规划建成了五星级现代农庄、花海体验公园、果蔬采摘体验公园、慢生活体验的浪漫之园、浏阳时光里民宿园区等五大园区，带动村集体经济收益从 2013 年的 3 万元增长到 2020 年的 86 万元，有效带动了村民增收，村内人均可支配收入达 3.6 万元，为乡村振兴、全面巩固脱贫成果打下坚实的基础。

中州屋场蔬菜公园是一个集蔬菜种植、观光、农事体验于一身的综合体。竹联村采取土地入股的方式，通过村组流转 400 多亩土地，入股当地的鑫联蔬菜种植专业合作社，60 多户村民加入合作社。“官渡是蔬菜种植大镇，但以前散户种植的多，产业做不大。”村民钟英奇从事蔬菜种植 20 多年，如今在蔬菜公园负责销售。“现在每天要拉 3 车菜，有茄子、辣椒、苦瓜、丝瓜，销往长沙、株洲、南昌、珠海等地。”他介绍说，蔬菜公园年产值已超过 500 万元。

竹联村还成功申报了国家级田园综合体建设项目“诗画中州”，由桂园美食体验园、浏阳河第一湾观光体验区和“时光里”民宿体验园三大板块组成，融合农业生产与加工、农产品消费、农耕文化、农事体验、农业休闲旅游，逐渐形成了一二三产业“三产融合”和农业文化旅游“三位一体”的格局。

“桂园·田螺小镇于 2020 年 5 月 1 日正式开业，我们举办了玫瑰花海赏花季、星空露营烟花节等系列活动，五一期间门票收入将近200万元。”诗画中州农业开发有限公司董事长钟子平对发展前景很有信心。

产业兴旺的潜力在二三产业，没有产业的融合发展就吸引不了资源要素，更难以聚集人气财气。正是有了这样的认识，借力官渡古镇、大围山森林公园的“朋友圈”文旅资源，320亩水果公园、200亩原乡花海、浏阳河第一湾等现代农业与乡村旅游项目相继启动，竹联村的“美丽经济”越来越红火。

竹联村五大园区掠影

在新时代推进乡村振兴战略号角吹响之际，一个个像竹联村一样的“美丽乡村”正脱胎换骨，朝着“洁、净、美、富”精彩蝶变。

专家点评

乡村振兴是建设现代化国家的重大战略，浏阳市委、市政府以强烈的使命感推进乡村建设，取得明显成效，涌现出一个个美丽乡村，竹联村就是一个典型代表。竹联村的成功，在于他们坚持生态优先、绿色发展，出硬招治理生态环境，出实招建设美丽乡村，出高招发展生态经济，走出了一条可推广、可借鉴的乡村振兴新路子。

后　记

党的十八大以来，党中央以前所未有的力度抓生态文明建设，我国生态环境保护发生历史性、转折性、全局性变化，形成了习近平生态文明思想。湖南省认真学习贯彻习近平生态文明思想，深入践行“绿水青山就是金山银山”的理念，持之以恒抓生态环境保护，坚决打好污染防治攻坚战，涌现出了一批先进典型，生动展示了全省生态文明建设的伟大实践。

为了发挥先进典型的示范引领作用，2017 年 2 月，在时任湖南省人大常委会副主任李友志同志的指导下，湖南省生态文明研究与促进会决定，征集选编一批湖南生态文明先进典型案例，并结集出版，为生态文明建设提供一批可触可碰、可学可做、鲜活生动的样本。这一提议得到湖南省财政厅、湖南省生态环境厅、湖南省社科联等部门的大力支持。

2020 年 9 月，湖南省生态文明研究与促进会面向全省发出征集案例的通知，湖南省生态环境厅转发了这个通知，得到全省各地各部门的积极响应。至 2021 年 2 月，共征集到案例 102 个。经过材料审核、匿名通讯评审、会议评审、实地考察、集体研究等程序，共遴选出优秀案例23个。案例确定后，湖南省生态文明研究与促进会组织专家通过文献梳理、现场调研、座谈访谈、审核校对、媒体公示等方式，对案例文稿进行反复修改，力求准确、严谨、生动。参与的领导、专家、评委和有关部门认为，这些案例选题好、质量高、覆盖面广，且不少案例在全省乃至全国具有较大影响，对生态文明建设具有好的启示和借鉴作用。

本书是集体智慧的结晶。从筹划、汇编到付梓历时近五年，李友志同志亲自担任编委会总顾问，对本书的策划和编辑出版给予了精心指导和大力支持。湖南省生态环境厅党组书记、厅长邓立佳同志给予指导并撰写序言。湖南省生态文明研究与促进会会长周发源研究员担任主编，提出编辑出版该书的基本思路，具体负责策划组织，直接参加文稿修改，最后审定全书。刘群、唐宇、彭石序、姬广科、黄云志等同志作了许多协调工作。湖南省生态文明研究与促进会田振和、湖南省社科联刘平、长沙理工大学刘解龙、湖南省委党校吴青、湖南省社科联彭培根等专家担任编辑，承担着现场调研、收集资料、组稿改稿、书稿编辑等工作。张红红、李阳、何思奇、唐小玲、王莉娟等同志为本书的编辑出版做了大量协助工作。各申报单位有关领导和相关工作人员提供了较为详实的基础材料，并审定了终稿，为本书的编辑出版贡献了智慧。在编撰过程中，我们参考和吸收了许多专家学者的研究成果和新闻记者的深度报道。湘潭大学出版社为本书的出版和发行给予了很大的帮助，提出了许多宝贵的意见。还有许多为本书撰写、出版默默奉献的同志，虽然没有道出姓名，但字里行间都包含着他们的智慧和辛劳。在此对给予本书关注和支持的单位和个人一并表示真诚的谢意！

由于编校时间比较仓促，不当和疏误之处在所难免，敬请读者谅解和批评指正。

编　者

2021 年 12 月